Ausgewählte
Desserts

Olli Leeb

1979 - 1.Auflage ISBN 3-921799-84-8

Druck: Biering KG, 8000 München 40
Fotos: Fischer,Baldham bei München,
S.52/53 Burda, München
S.126/127 Gruner und Jahr, Hamburg
Repro: Oestreicher und Wagner,8000 München 9o
Bindung: Conzella Verlagsbuchbinderei,8ooo München 80
Schutzklappen: Gebrauchsmusterschutz eingetragen
unter Nr. B 42 D 3-02 GM 77 26 250

Printed in Germany

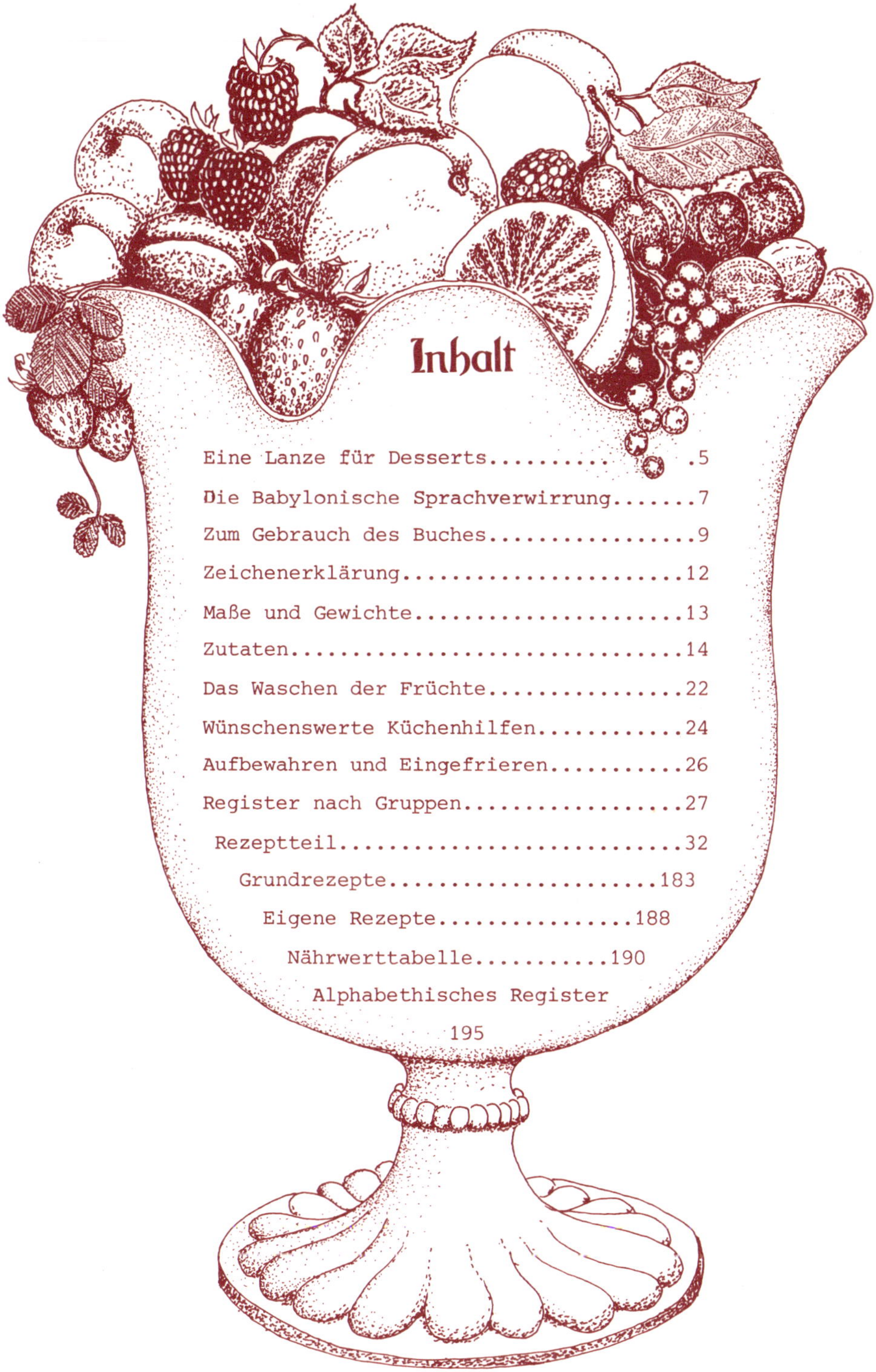

Inhalt

Eine Lanze für Desserts

gehören Sie vielleicht zu den Menschen,die beim Anblick eines gedeckten Tisches gleich nach dem "kleinen Löffel" Ausschau halten,der Ihnen ein Dessert verspricht ? - oder sind Sie so ernährungsbewußt,daß Sie schon beim Lesen des Wortes "Dessert" die Augen schuldbewußt gen Himmel heben und an Ihre vorhandene oder nicht mehr ganz vorhandene Linie denken ?
Welchem Typ Sie auch angehören,Sie werden in diesem Buch für Sie persönlich genau das Passende finden.Bei jedem Rezept sind links die Zutaten ausgeworfen,so daß Sie auf einen Blick den "Gehalt" feststellen können,der dann in der Nährwerttabelle abgelesen werden kann.

Im übrigen wird man sowieso nicht täglich ein allzu üppiges Dessert, eine Nachspeise, a Möischpeis, einen Nachtisch, s`Zhintnach oder Achteran,welche Namen das Dessert auch regional haben mag - auf den Tisch bringen,sondern meist Früchte der Saison mit oder ohne Milchprodukte anbieten.

Allerdings besteht ein großer Unterschied ob Obst nur einfach gewaschen auf den Tisch gestellt wird oder ausgesuchte Früchte liebevoll vorbereitet in einem hübschen Gefäß serviert werden - mit dem bißchen Etwas,das eben aus Obst ein *D e s s e r t* werden läßt.

Ein feines Dessert lockert die Stimmung,entspannt und besänftigt die Gemüter,selbst eine Panne beim Hauptgang kann vergessen werden.Es ist schwer vorstellbar,daß bei diesem Genuß sehr heiße Debatten geführt werden,denn jeder löffelt selig versunken die oft recht rasch vergängliche Köstlichkeit.
Nach diesem psychologischen Wert folgt noch ein profaner,da außerdem die mit Obst und Milchprodukten bereiteten Desserts der Verdauung sehr förderlich sind.

Und noch etwas: Wer trägt schon gerne den Geschmack des vorher sicherlich vorzüglichen Hauptgerichts mit Zwiebeln,Knoblauch, Fisch oder Kraut etc. noch stundenlang auf der Zunge ?

Wählen Sie das Dessert so aus,daß es sich in Farbe und Konsistenz vom Hauptgericht abhebt.

Kühlgeräte,Tiefkühlfach und -truhe ermöglichen heute jeder Hausfrau ihre ganz spezielle Hausmarke an Desserts mit ausgewählten Zutaten auf den persönlichen Geschmack abgestimmt - in Vorrat zu haben.

Ein Dessert bildet den Abschluß,setzt das i-Tüpfelchen. Bedenken Sie deshalb bei der Menge die Sie bereiten,ein Dessert sollte nur das "Tüpferl" sein und nicht das ganze i. Dann brauchen Sie auch nicht um Ihre Linie bangen.

OLeeb

Die Babylonische Sprachverwirrung

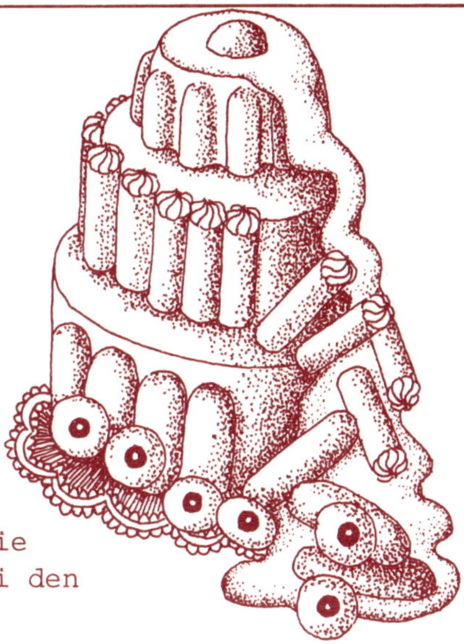

Kaum in einer anderen Sparte des Küchenvokabulars sind die Bezeichnungen so verwirrend wie bei den Nachspeisen,den Desserts.

Es beginnt mit einem * Pudding * der kein Pudding sondern ein Flammeri ist.Man liest von einem Fruchtgelee und denkt dabei an ein Gelee für's Frühstücksbrot.

Die * Cremes * sind oft gar nicht so *cremig* sondern gestürzt und eine * Charlotte * entpuppt sich ebenfalls als eine Rahm-sulz.

Ein * Soufflé * wird plötzlich als Gefrorenes aufgetragen und als * Sorbet * wird ein Frucht-Eis serviert!

Beim Betrachten einer guten Speisekarte finden wir Erdbeeren mit * Creme Chantilly * und bekommen hernach einfach unsere bekannten Erdbeeren mit Schlagrahm !

Namen-Namen - wer soll sich da noch auskennen ?

So mancher fragt sich da: Was ist ein...

Flammeri	ist das erste * Dessert * das jeder Mensch schon als kleines Kind zu sich nimmt. Es enthält nämlich die Zutaten des Kinderbreis: Milch oder Saft mit mehr oder weniger Grieß, Stärkemehl,Sago oder Reis-je nachdem ob der * falsche Pudding * gestürzt wird oder nicht. Dagegen wird der *echte *
Pudding	aus Eiern,Nüssen etc.hergestellt und immer im W a s s e r b a d gekocht. Abgeschlagene
Cremes	aus Eiern,meist auf Dampf geschlagen,werden zum Stocken mit Alufolie bedeckt,ebenfalls in das Wasserbad gestellt.Als
Sülze *Gelee*	bezeichnet man 1.klare Sturzspeisen aus Wein oder Fruchtsaft,die unter Zugabe von Gelatine hergestellt werden. 2. Cremes aus Milch, Sahne,Eiern und eventuell auch mit Fruchtmus vermischt.Ebenfalls mit Gelatinezugabe.
Beignets	sind im Teig gebackene Fruchtstücke. Unter
Parfait	versteht man ein feines Gefrorenes,das mit Sahne Eiern,Likören etc. bereitet wird.
Sorbet	ein Fruchteis ohne Sahne und Eier !
Scherbet	Ein Original Sorbet wird mit Sekt oder Wein aufgegossen oder schon mit Alkohol zubereitet.Es wurde ganz früher und wird heute auch gelegentlich wieder als Zwischengang eines großen Dinners serviert.

Zum Gebrauch des Buches

Es heißt,ein Dessert sollte in der Farbe auf das vorangegangene Gericht abgestimmt sein,so daß nicht gerade nach einem dunklen Rehbraten mit Sahnesoße ein dunkler * Mohr im Hemd * aus Mandeln und Schokolade bereitet, mit Schlagsahne aufgetragen wird.

Nach langen Überlegungen schien es sinnvoll ein zeitraubendes Suchen nach einer bestimmten Farbe zu ersparen.Aus diesem Grund wurden die Buchseiten mit farbigen Rändern versehen.

So können Sie auch nach dem Einkauf von bestimmten Früchten in der betreffenden Farbe nachsehen,z.B. Heidelbeeren bei lila, Bananen bei gelb,Himbeeren bei rosa etc.

Wenn Sie eine bestimmte Zubereitungsart suchen,z.B.eine Creme, Obstsalat oder einen Wasserbadpudding - steht Ihnen ein Register nach Gruppen geordnet - zur Verfügung. Kennen Sie den Namen des Desserts bereits,so finden Sie das Rezept dazu sehr schnell im alphabetischem Register. auf den letzten Seiten des Buches. Auch dort sind hinter dem Titel die jeweiligen Farben vermerkt.

* Wenn Sie das gewünschte Rezept gefunden haben, schlagen Sie die beiden Plastikklappen über die Buchseiten,dann sind diese vor den unvermeidlichen Flecken geschützt und das Buch bleibt außerdem schön offen liegen. *

Die Rezepte sind so beschrieben, daß Sie ohne wiederholtes Lesen gleich beginnen können.Sie sind kurz gefaßt - deshalb ist jedes Wort wichtig.Links stehen die Zutaten,die für Ihre Einkaufsliste bestimmt sind, rechts beginnt gleich fortlaufend der Text für die Zubereitung.

Ein * Sternchen vor einer Zutat bedeutet,daß diese unbedingt vorbereitet werden muß,damit der Arbeitsablauf nicht unterbrochen wird und der steife Eischnee oder die Schlagsahne warten muß - bis die Mandeln "geschält,gerieben oder gehackt" sind.

Die Rezepte sind erprobt,nützen Sie diese Erfahrungswerte, denn bei genauer Einhaltung der Angaben werden Sie Freude bereiten mit den

* Ausgewählten Desserts *

Einige Ausdrücke,die nicht in jedem Rezept extra beschrieben sind,werden in dem folgenden Absatz erläutert.

Wenn im Rezept angegeben ist :

* im Wasserbad rühren oder schlagen, dann sollte dies auch so geschehen, da es sich meist um hitzeempfindliche Zutaten handelt. Auf der Kochplatte vor allem bei Gasherden würden die Eier am Boden des Topfes zu schnell fest werden.
Beim Wasserbad wird die Rührschüssel am besten eine feuerfeste Glasschüssel i n einen Topf gestellt, der nur zur Hälfte mit fast kochendem Wasser gefüllt ist, damit das Wasser nicht in die Masse spritzt. Nicht kochen lassen, konstant vor dem Siedepunkt halten. Bei der Zubereitung von Wasserbadpudding hohen Topf verwenden.

* Mehl sieben
ist wichtig zu Auflockerung. Durch feuchte Lagerung entstandene Klümpchen werden dadurch zurückbehalten.

* schaumig rühren oder schlagen
kann mit einem Schneebesen oder einem elektrischem Handrührgerät geschehen. Darauf achten, daß die Masse wirklich schaumig und der Zucker gelöst ist. Nur eine gut gerührte Masse bringt das gewünschte Ergebnis und das richtige Volumen.

* Gelatine aufzulösen
ist im betreffendem Rezept angegeben. Bitte achten Sie darauf, daß sie vor dem Einrühren in die Masse völlig gelöst ist. Klümpchen können die beste Nachspeise verderben.

* in der Rubrik der Zutaten finden Sie noch einige Tips über den Umgang mit Eiweiß und Sahne.

Zeichenerklärung

* unbedingt vorbereiten

EL Eßlöffel gestrichen voll

TL Teelöffel gestrichen voll

Msp. Messerspitze

g Gramm

l Liter

die im Register angegebenen Abkürzungen
für den betreffenden Farbteil:

ro = rosa   ge = gelb   br = braun

li = lila   gr = grün   we = weiß.

Maße und Gewichte

Alleine in den deutschsprachigen Ländern herrschen schon unterschiedliche Maße - und Gewichtsbezeichnungen, ganz zu schweigen von den angelsächsischen Gebieten.

In diesem Durcheinander von Pfund, pounds, Kilos, cups, dl, Deka, Seidel, ccm, cl und vielem mehr bietet nur noch eine Gramm - und Literangabe eine allgemein verständliche Grundlage.

Kleine Flüssigkeitsmengen sind in den Rezepten in EL = Eßlöffel und TL = Teelöffel angegeben. Zwischenmengen von 0,20 und 0,10 z.B. - können Sie mit einem Meßbecher viel einfacher und genauer aber mit einem Kinderfläschchen mit Gramm = ccl - Einteilung ablesen. Auf eine ungenaue Bezeichnung wie " ein guter Viertelliter " sollte man sich lieber nicht verlassen. Denn, was für den einen ein guter Viertelliter ist, kann für den anderen vor allem bei Getränken ein schlechter sein.

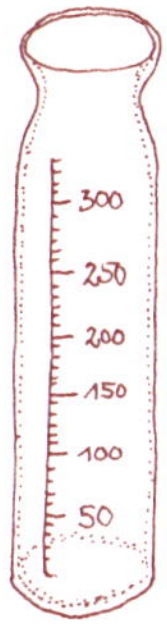

Als kleine Küchenhilfe, wenn es um das Abmessen geht:

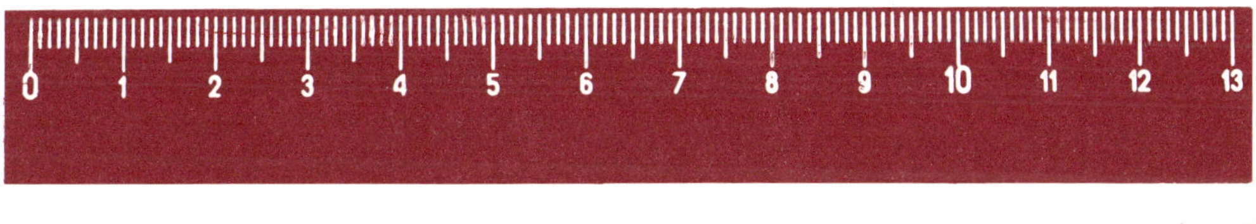

Die Zutaten

Nicht nur allein die sorgfältige Zubereitung sondern auch die Qualität der Zutaten spielt bei der Herstellung von feinen Desserts eine große Rolle.
Obst,Eier und Milchprodukte sollten so frisch und naturbelassen wie möglich sein.Ein an sich einfaches Rezept wird oft nur durch die guten Zutaten zu einer Köstlichkeit.

* Agar-Agar

Geliermittel pflanzlicher Herkunft,im Reformhaus erhältlich, kann an Stelle von Gelatine,nach Vorschrift auf der Verpackung,verwendet werden.

* Angelika (Archangelica officinalis L.)

grüne kandierte Blattstiele,werden meist zur Verzierung in kleine Rauten geschnitten.

* Aprikosengeist = Marillengeist

klarer Schnaps aus Aprikosen,Österreich. Marillen

* Arrak

Branntwein aus Reis und Zuckerrohrmelasse,

* Biosmon

ein ausgeglichenes Mineralgemisch zur Aufwertung des üblichen Leitungswassers.

* Bittermandelöl (echtes)

sehr konzentriert,nur tropfenweise verwenden.

* Blätterteig

fertige Tiefkühlware,nach Vorschrift auftauen.

* Blockschokolade

einfache Schokolade,fein reiben oder im Wasserbad schmelzen.

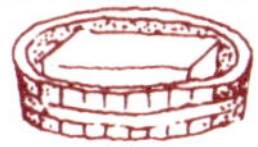

* Butter

stets frisch verwenden,zu Rührteig weich,also rechtzeitig aus dem Kühlschrank nehmen,zu Knetteig kalt in Stückchen schneiden.Bei Rezepten mit Butterangabe diese nicht willkürlich mit einem beliebigen anderen Fett austauschen.

* Creme fraîche

40 %ige süße,dicke Sahne,kann auch leicht angesäuert anstatt dickem,saurem Rahm verwendet werden.

* Dicker,saurer Rahm

wird meist in den Strudelrezepten verwendet.
Siehe Saure Sahne.

* Eier

möglichst nestfrische von Auslaufhennen bevorzugen, die auf natürlicher Bodenhaltung aufgezogen werden. Frisch verwenden! Am besten mittelgroße der Handelsklasse 3, ca. 60 g.Immer mehr Eier als gerade erforderlich zu Hause haben,es kann eines kaputt gehen oder nicht frisch sein. Stets erst in eine Tasse aufschlagen.Nur frische Eier lassen sich gut trennen.Eigelb kann in einer Tasse mit etwas Wasser bedeckt und Folie verschlossen einige Tage im Kühlschrank aufbewahrt werden.

* Eiweiß

muß sorgfältig vom Eidotter getrennt sein,sonst gibt es keinen steifen Schnee.Es darf zur Verwendung von

* Eischnee

nicht zu frisch sein.Am besten ca. 5 Tage in einem Schraubglas im Kühlschrank belassen.Leicht angefrostet erhalten Sie einen sehr feinporigen steifen Schnee.Das Schlaggefäß für Eiweiß muß unbedingt fettfrei sein,am besten aus Glas oder Porzellan (kein Metall wegen der Verfärbung benutzen).Die Zugabe von 1 Prise Salz und einigen Tropfen Zitronensaft erhöht die Stabilität.

* Farinzucker

brauner,etwas körniger Zucker.

* Germ

österreichischer Ausdruck für Hefe.

* Hagebutten = Hiffenmarmelade

rohgerührte oder gekochte,nach Rezept verwenden.

* Haselnüsse

werden meist leicht angeröstet verwendet.Nüsse am besten in flache,feuerfeste Form geben,im Backherd bei 170°-180° unter gelegentlichem Schütteln rösten.Nur so lange bis sie sich schälen lassen.

* Hefe

biologisches Triebmittel,frisch verwenden.Nur kurz haltbar.

* Honig

echten Bienenhonig nicht durch Kunsthonig ersetzen.

* Ingwer (Zingiber officinale Roscoe)

Wurzelstock einer asiatischen Staudenpflanze.Gemahlen und kandiert als Ingwerpflaume im Handel erhältlich.

* Joghurt

kann auch in Form von Magerjoghurt verwendet werden.

* Kakao

am besten dunklen,also schwach entölten,verwenden.

* Mandeln (süße Backmandeln)

werden ungeschält und geschält gerieben,gehackt,gehobelt, gestiftelt,halbiert und ganz verwendet.Sind vorbereitet erhältlich.
Zum Abziehen der Schale: Mandeln in kochendes Wasser schütten,aufwallen lassen,ziehen lassen,probieren ob sich eine Mandel zwischen zwei Fingern herausdrücken läßt.Dann alle in ein Sieb schütten,abziehen und auf einem Tuch zum Trocknen ausbreiten.Nur gut getrocknet in Gläsern aufbewahren ! Zweite Art Mandeln zu schälen: Mandeln 18-24 Std. in lauwarmes Wasser legen.Wie oben zum Trocknen auflegen. Sehr fein im Aroma ! Mandeln lassen sich besser halbieren, solange sie noch feucht sind.Beim Hacken kann man etwas Zucker aufstreuen,damit sie nicht so leicht springen.
Zum Stifteln feucht halbieren,dann der Länge nach in Streifchen schneiden.Will man Mandeln selbst blättrigschneiden, die geschälten Mandeln am besten noch feucht quer in hauchdünne Scheibchen schneiden.Beim Reiben oder Mahlen der ungeschälten Mandeln darauf achten,daß keine harten Schalenreste in die Maschine kommen.Geschälte Mandeln nur ganz trocken in die Maschine geben,sonst kleben sie.

* Mandelöl (echtes)

neutrales feines Öl,nicht verwechseln mit Bittermandelöl.

* Maroni (Eßkastanien,Edelkastanien)

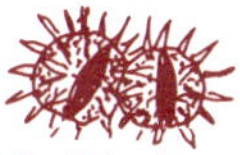

nach Rezept verwenden.Frisch und als Konserve erhältlich.

* Marzipanrohmasse

abgepackt im Handel,wird nach Rezeptangabe mit Zucker und anderen Zutaten vermischt.

* Marmelade

am besten selbstgemachte,bei Handelsware auf Qualität achten.

* Mehl

wenn nicht anders angegeben,Weizenmehl Type 405 verwenden, es soll trocken und luftig lagern und erst kurz vor Gebrauch gesiebt werden.In Österreich ist doppelgriffiges Mehl üblich. Am besten eine Kleinigkeit weniger Mehl nehmen, somit etwas weicher halten.

* Milch

wird in den Rezepten in Form von Vollmilch,Vorzugs- oder Markenmilch verwendet ! Nach Belieben kann diese durch Magermilch ausgetauscht werden - nach Möglichkeit aber nicht mit H-Milch!

* Naturzitrone

besitzt eine unbehandelte (ungewachste) Schale,die zum Verzehr geeignet ist.Wird mit scharfem Reibeisen gerieben verwendet oder feinstnudelig geschnitten,dazu mit Kartoffelschäler oder scharfem Messer ohne weiße Unterhaut dünn schälen,dann quer in feinste Streifchen schneiden.

* Naturorange 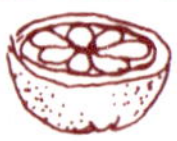

Verwendung wie bei Naturzitrone.

* Orangeat

kandierte Schale der Bitterorange,wird meist kleingehackt oder in feine Streifchen geschnitten.

* Orangenschale

nur von Naturorangen verwenden. (Siehe Naturorange)

* Orangenzucker

250 g feine Zuckerraffinade mit der geriebenen Schale von 4-6 Naturorangen vermischen.In Schraubglas im Kühlschrank aufbewahren.

* Pistazien

grüne kleine Mandelart,wie Mandeln schälen.Lichtgeschützt aufbewahren,sonst wird sie blaß.

* Puderzucker

stets gesiebt verwenden.Durch Feuchtigkeit entstandene Klumpen mit Mixstab oder zwischen Alufolie mit Nudelroller glattrollen und sieben.

* Quark

kann mit jedem Fettgehalt verwendet werden,nicht aber an Stelle von Topfen,der in der Konsistenz viel trockener ist.

* Rohzucker

hellbrauner,ungebleichter Zucker.

* Rum

Branntwein aus Zuckerrohr oder Zuckerrübenmelasse,wird als Geschmackszutat und zugleich auch als Triebmittel verwendet.

* Sahne

nach Rezept frische süße Sahne (Rahm) oder Sauerrahm verwenden.

* Saure Sahne

40 % ig vorzugsweise für Strudel besser geeignet als

* Sauerrahm

gekauft,hat einen Fettgehalt von 10 % und läuft dementsprechend dünner.

* Schokolade

für feine Desserts je nach Rezept,Markenschokolade verschiedener Sorten verwenden.

* Stärkemehl

unter den Namen Mondamin und Maizena im Handel.Stets sieben.

* Sultaninen

helle getrocknete Weintrauben,geschwefelt und ungeschwefelt im Handel,werden lauwarm gewaschen,getrocknet und nach Belieben mit Alkohol beträufelt.

* Topfen

trockener Quark.Am besten selbstgemacht.Für spezielle Süßspeisen vor allem österreichische und solche aus Böhmen bevorzugt.

* Vanillepuderzucker

stellt man zweckmäßig selbst her.Zwei Vanilleschoten der Länge nach aufschlitzen,Mark ausstreifen,mit 500 g Puderzucker vermischen,mit den ausgeschabten Schoten in einem gut verschlossenen Glas aufbewahren.

* Vanilleschote (Fruchtkapsel einer Kletterorchidee)

auch Vanillestange genannt,ist in Glasröhrchen im Handel. Das Mark kann ausgestreift werden,wenn man die Schote der Länge nach aufschlitzt.

* Vanillezucker

echter im Reformhaus erhältlich,kann auch selbst hergestellt werden. (Siehe Vanillepuderzucker)

* Vanillinzucker

synthetisch hergestellter Vanillezuckerersatz.

* Wal- oder Welschnüsse

werden erst von der harten Außenschale befreit.Damit sie sich leichter knacken lassen und die Kerne ganz bleiben, legt man die Nüsse ca. 8 Std. (über Nacht) in mildes Salzwasser.Die Haut von älteren Nüssen löst sich,wenn man diese in lauwarme Milch legt.

* Weinbeeren

sehr kleine,getrocknete Beeren der blauen Weintraube,werden vor der Verwendung in lauwarmem Wasser gewaschen,gut abgetrocknet,nach Belieben mit etwas Rum oder dergl. befeuchten.

* Zimt (Cinnamomum cassia Blume]

von der Borke befreite Innenrinde des Zimtbaumes.

* Zitronat

kandierte Cedrat-Fruchtschale,wird fein gehackt oder in Streifen geschnitten.Gewürfelt im Handel erhältlich.

* Zitronen 

Zitronenschale nur von Naturzitronen mit unbehandelter Schale verwenden.

* Zitronenzucker

wird hergestellt aus 250 g feiner Zuckerraffinade, vermischt mit der abgeriebenen Schale von 4-6 Naturzitronen.

* Zucker

wird in Form von feiner Zuckerraffinade verwendet, wenn nicht eine andere Zuckersorte im Rezept angegeben ist.

Wichtiges Kapitel
Das Waschen der Früchte

Früchte und Dessert gehören sehr eng zusammen.Für ein feines,ausgewähltes Dessert ist die richtige Behandlung der Zutaten - in diesem Falle - des Obstes,sehr wichtig.
Nicht bei allen Früchten erübrigt sich das Waschen wie dies z.B. bei Bananen,Zitrusfrüchten,Melonen usw. der Fall ist.

Leider werden die schönsten Früchte oft durch falsches Waschen nicht nur um ihr Aussehen,sondern auch um ihren Vitamingehalt gebracht.

Unproblematisch sind Äpfel,Birnen,Pfirsiche, Aprikosen,Pflaumen,Zwetschgen,Kirschen und Stachelbeeren.Sie werden in nicht zu kaltem Wasser,dem man etwas Biosmon aus dem Reformhaus zusetzen kann,(um eventuelle Spritzrückstände besser entfernen zu können) gründlich gewaschen.Große Früchte werden nach dem Waschen mit einem sauberen Tuch oder Küchencrepp abgetrocknet.Kleinere gibt man zum Abtropfen in ein Obstsieb oder legt sie auf Küchencrepp zum Trocknen.

Stiele grundsätzlich immer

erst nach dem Waschen entfernen !

Bei Gartenerdbeeren,Blaubeeren,Brombeeren etc. ist größte Sorgfalt geboten.Sie würden im normalen Leitungswasser völlig auslaugen und damit wertlos werden.Auch dürfen sie nicht unter den Wasserstrahl,der sie zerdrückt und aufweicht.Legen Sie daher Beerenobst in ein breites Sieb,bei größeren Mengen nur portionsweise - und tauchen Sie dieses einige male kurz in Wasser ein,dem Sie ggf. etwas Biosmon zugesetzt haben,um ein Auslaugen zu verhindern und eine schnelle gründliche Reinigung zu erlangen.

Kleinere Mengen Walderdbeeren,Himbeeren und Gartenerdbeeren tauchen Sie am besten kurz in Mineralwasser ein.Sie werden staunen,wie frisch die Beeren bleiben und ihr Aroma behalten.

Nur sorgfältig vorbereitete Früchte
können auch in der Weiterverarbeitung
das gewünschte Ergebnis bringen.

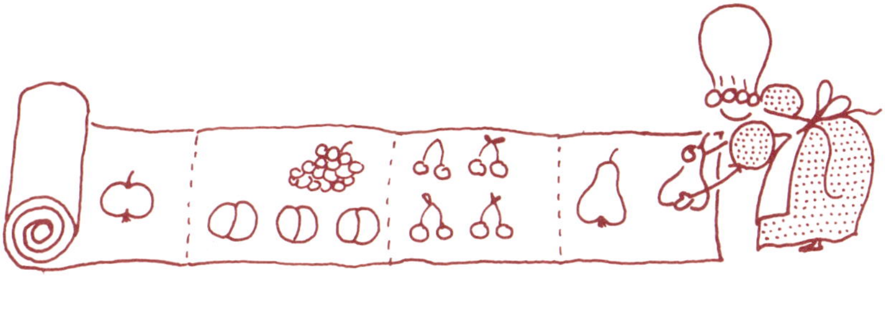

Wünschenswerte

großes Mehlsieb

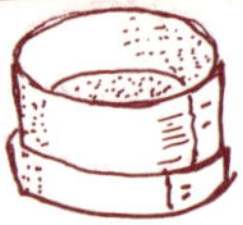

Teigschaber

feuerfeste Rührschüsseln für das Wasserbad in verschiedenen Größen

Schneebesen

oder Schneerädchen

Wasserbad-Puddingform

Elektroquirl wünschenswert wegen Zeitersparnis

Bratraine

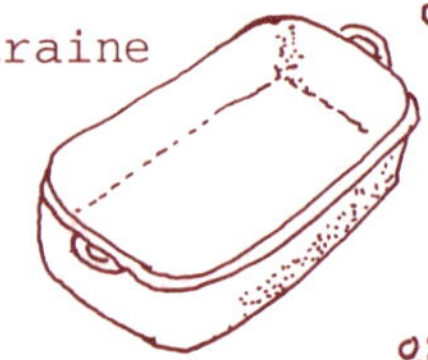

Küchencrepp

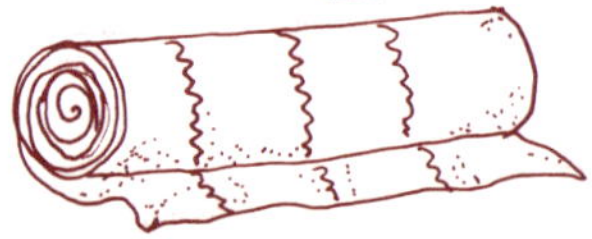

Eisbereiter

Garnierspritze aus Plastik oder kleinen Spritzbeutel

Kugelausstecher

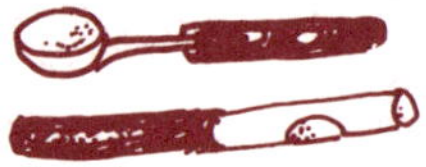

Apfelausstecher

Nudelholz

Alufolie, Butterbrotpapier bzw. Backtrennpapier

Küchenwaage, am besten Wandwaage damit die Arbeitsfläche frei bleibt.

Meßbecher mit cl oder ccm-Einteilung, auch Kinderfläschchen geeignet

Küchenhilfen

Aufbewahren und Eingefrieren

Wie bereits beschrieben, sollte Obst stets frisch verwendet werden. Müssen Sie aber einmal aufbewahren, sollten Sie jedoch von einer längeren Lagerung absehen.

Höchstens ein paar Tage kühlstellen und bitte nicht mit Gemüse!!

Obst und Gemüse zusammen vertragen sich nämlich nicht.

Statt tagelangem Aufbewahren empfiehlt sich daher:

lieber rasch eingefrieren-solange die Früchte an Aussehen und an Gehalt noch nicht gelitten haben.

Beerenobst und Kirschen gefrieren Sie am besten erst auf einem Tablett ausgebreitet vor und dann erst werden die hartgefrorenen Einzelfrüchte in Beutel oder Behälter verpackt. So behandelt, kleben sie nicht zu einem Klumpen zusammen und können später schneller aufgetaut werden. Und das Aussehen ist um vieles besser !!

Da sich sehr viele Desserts zum Eingefrieren eignen, empfiehlt es sich von manchen Rezepten eine größere Menge herzustellen. Zu den Geeigneten gehören: alle Eissorten, Cremes mit Gelatine hergestellt, Strudel, Kuchenböden sofern letztere nicht aus Baisermasse hergestellt wurden.

Alles wird ungarniert eingefroren, rechtzeitig aus der Tiefkühltruhe genommen und erst kurz vor dem Servieren garniert.

So haben Sie Ihre unübertroffene Hausmarke immer bereit!

Früchte und Kompott

Sülzen

Flammeris

Auf einen Blick: Die feinen schnellen Desserts

Sahne-Creme-Desserts

Aus Pfanne und Backrohr

Wasserbad Puddings

Eis und Sorbets

Sonstige

Eingelegte und eingekochte Früchte

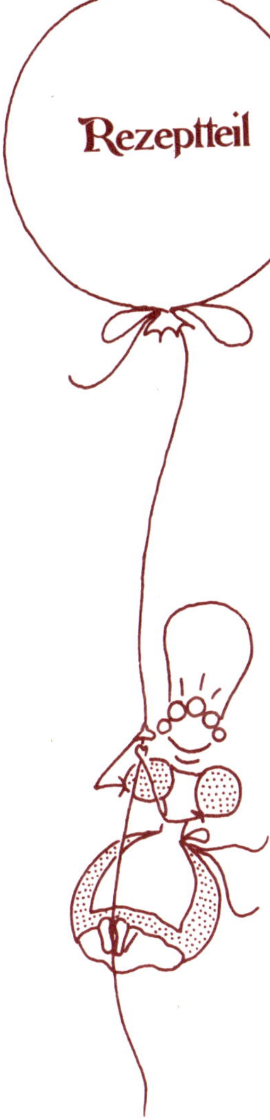
Rezeptteil

Kirschenstrudel

2 Strudel für 6 Personen

250 g Mehl	
1 Msp. Salz	auf ein Brett sieben,eine Grube eindrücken,
2 kl. ganze Eier	
3 EL Öl	hineingeben,nach und nach
1/8 l Wasser	lauwarm,zufügen.Alles mit dem Mehl verrühren,dann zu einem glatten Teig kneten. 2 Teile wie Brötchen formen,diese mit
Öl	bestreichen und unter einer warmen Schüssel zugedeckt 1 Std. ruhen lassen. Inzwischen
1500 g Kirschen	waschen,gut abgetrocknet entsteinen. Auf einem bemehlten Tuch zunächst eine tellergroße Platte ausrollen,diese dann mit dem Handrücken dünn ausziehen. Backröhre auf 200° vorheizen.
50 g Butter	zerlassen.
* 50 g Semmelbrösel	und
* 50 g Mandeln	gerieben,hineingeben,leicht anrösten, beiseite stellen.Insgesamt
40 g Butter	leicht bräunen,die Teigplatte damit bepinseln,pro Strudel
3 EL Creme fraîche	daraufverteilen,die Brösel und Kirschen daraufgeben,3 cm Rand freilassen,mit
Zucker und Zimt	bestreuen.Ringsum 3 cm Teig einschlagen, mit Hilfe des Tuches aufrollen und in eine gut gefettete Bratraine oder längliche feuerfeste Form geben.Mit dem zweiten Strudel genauso verfahren. Obenauf mit der restlichen Butter bepinseln. Bei 200-230° im vorgeheizten Backrohr 20-30 Min. backen.Mit
Puderzucker	bestäubt zu Tisch geben.

Foto nebenan.

Foto:

Kirschenstrudel

Kirschen in Teigmäntelchen 4 Pers.

500 g Kirschen	oder
Sauerkirschen	am Stiel 5 stückweise,zusammenbinden. Waschen,gut abtropfen und auf Küchencrepp abtrocknen lassen.
125 g Mehl	
1 Prise Salz	sieben,mit
1/8 l Weißwein	und
1 EL Öl	zu glattem,dicklichen Teig rühren. 1/2 Std. ruhen lassen.
1 Eiweiß	steif geschlagen unterziehen.
Öl	oder
Ausbackfett	erhitzen bis ein Holzlöffelstiel beim Eintauchen Blasen zeigt,dann die Kirschen am Stiel fassen,in den Teig tauchen und im Fett goldgelb backen.Portionsweise ausbacken, damit sie nicht zusammenkleben. Im Backrohr warmhalten bis alle fertig sind.
	Mit
Zucker	und
Zimt	bestreut,sofort zu Tisch geben.

Tante Tilly's Kirschenauflauf 4-5 Pers.

500 g Kirschen	waschen,abzupfen und entsteinen.
3 altbackene Brötchen	fein aufschneiden,mit
1/4 l Milch	kochend überbrühen.Fest verrühren, Auskühlen lassen.Inzwischen
120 g Butter	
120 g Zucker	und
6 Eidotter	sehr schaumig rühren.Das Abgeriebene von
1 Naturzitrone	zufügen.
* 70 g Mandeln	abgezogen und gewiegt,sowie
* 50 g Zitronat	kleingewürfelt,beigeben. Backröhre auf 200° vorheizen.
6 Eiweiß	mit
1 Prise Salz	
1/2 TL Zitronensaft	sehr steif schlagen,unter die Eimasse heben.Eine Auflaufform mit
30 g Butter	gut bestreichen,mit
2 EL Semmelbrösel	ausstreuen.Die Hälfte der Masse einfüllen.Die Kirschen darauflegen.Mit
Zimt	überpudern.Mit der anderen Hälfte der Masse bedecken.
3 EL Mandelstifte	darübergeben.Mit
1 EL Zucker	bestreuen und mit
Butterflöckchen	belegen. Auf der 2. Einschubleiste von unten im Elektroherd bei 200°,Gas Stufe 4, goldbraun backen. Soße dazureichen aus:
1/2 l Kirschsaft	mit
1/2 Stange Zimt	und der Schale von
1/2 Naturorange	aufkochen.Zuletzt den Saft
1 Naturorange	zufügen

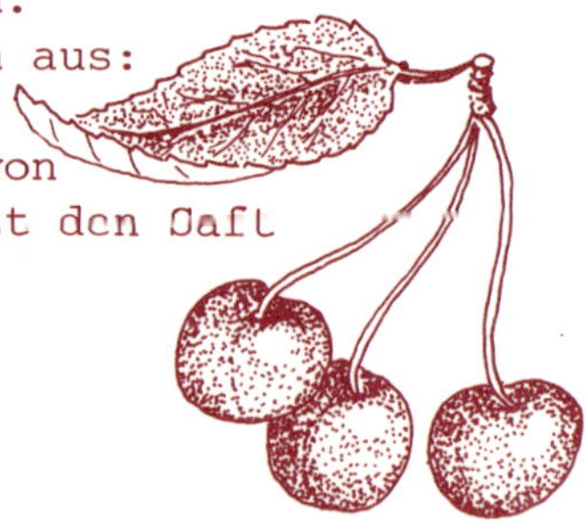

Kirschenquarkstrudel

6-8 Pers.

	Strudelteig Seite 185 herstellen oder 2 gekaufte Strudelteigblätter verwenden.
1500 g Kirschen	waschen,entsteinen.
1500 g Quark 4 Eidotter	und
80 g Zucker 1 Naturzitrone	glattrühren,das Abgeriebene von zufügen.
4 kalte Eiweiß 1 Prise Salz 1/2 TL Zitronensaft	zu steifem Schnee schlagen und unter die Quarkmasse heben.Einen Strudelteig auf bemehltem Tuch ausrollen,erst zur tellergroßen Platte,dann dünn ausziehen, mit zerlassener Butter insgesamt
60 g Butter	bepinseln,die Hälfte der Quarkmasse darauf verteilen.Ebenso die Hälfte der Kirschen gleichmäßig darauf legen. Leicht mit
Zimt	überpudern.Ränder einschlagen.Mit Hilfe des Tuches sehr locker zusammenrollen, da die Quarkmasse aufgeht.Mit dem zweiten Strudel ebenso verfahren. Beide Strudel in einer reichlich gebutterten Bratraine oder feuerfesten Form 30-40 Min. bei 230° backen. Während dieser Zeit öfters mit Butter bepinseln.Vor dem Auftragen mit
Puderzucker	bestreuen.Der Strudel schmeckt auch kalt sehr gut.Er kann außerdem eingefroren werden,so daß sich ein größeres Quantum immer rentiert.

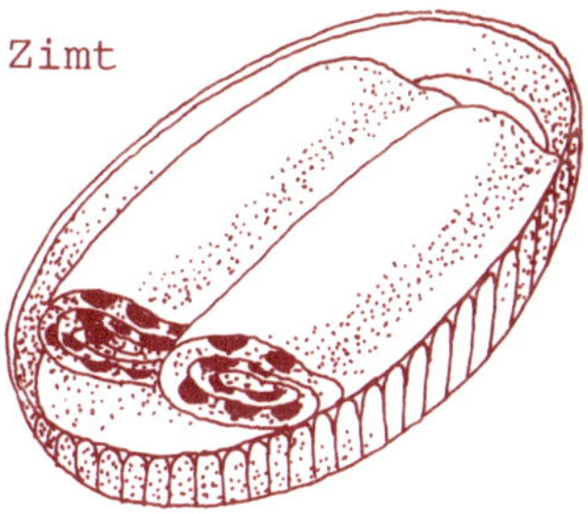

Kirsch-Pudding

200 g Kirschen	oder
Amarillen	waschen,entstielen und entsteinen.
110 g Butter	
90 g Zucker	
2 EL Vanillezucker	sehr schaumig rühren,nach und nach
5 Eidotter	zugeben,rühren bis die Masse locker und der Zucker völlig gelöst ist.
130 g Haselnüsse	leicht geröstet,gerieben zufügen, ebenso
50 g Schwarzbrotbrösel	einrühren,
5 Eiklar	mit
1/2 TL Zitronensaft	und
1 EL Zucker	zu steifem Schnee schlagen,diesen unter die Schaummasse abwechselnd mit den Kirschen heben.
	Eine Puddingform mit Deckel mit
20 g Butter	ausstreichen und mit
Semmelbrösel	ausstreuen.Masse einfüllen.Im Wasserbad wird der Pudding 3/4 Std. gekocht.Dann läßt man ihn noch kurz stehen,ehe man den Deckel zum Abdampfen öffnet.

Man reicht eine warme Weinsoße,eine Obstsoße oder ein Kompott dazu.

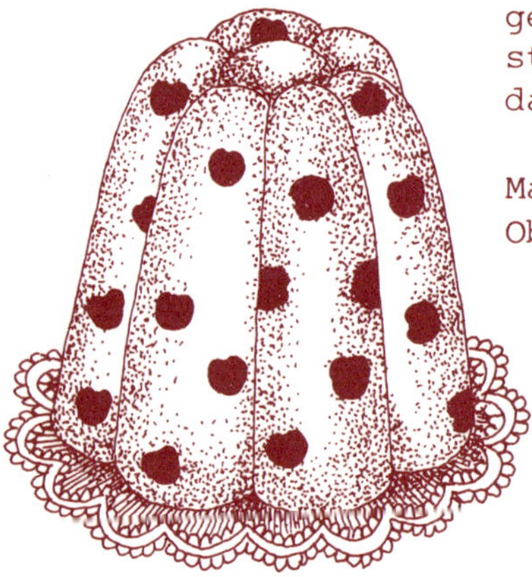

Kirschenmichel

	Backröhre auf 220° vorheizen.
375 g Kirschen	waschen,abstielen und entkernen.
250 g Mehl	mit
1 Prise Salz	
1/4 l Milch	
30 g Butter	zerlassen und
3 ganzen Eiern	zu einem dicken Pfannkuchenteig abschlagen.
60 g Fett	in einer großen feuerfesten,länglichen Form oder in einer großen Bratpfanne erhitzen.Teig fingerdick einfüllen und Kirschen darauflegen,sofort in das vorgeheizte Backrohr schieben.
	30-35 Minuten bei 220° hochziehen lassen. Wenn die Kruste goldbraun ist,
Zucker	und
Zimt	überstreuen und in viereckige Stücke geschnitten,servieren.

Kirschenschmarrn

4 ganze Eier	mit
30 g Mehl	
1 Msp. Salz	
1 Msp. Macisblüte	mit Schneebesen verrühren.Je nach Quellfähigkeit des Mehles bis
1/4 l Milch	zugießen,kurz stehen lassen.Inzwischen
300 g Kirschen	waschen,entstielen und entkernen. Backröhre auf 250° vorheizen. In einer großen Pfanne
30 g Butter	erhitzen,nach dem Ausschäumen den Teig eingießen,Kirschen und
30 g Mandelblättchen	darauf legen.Im Backrohr bräunen,herausnehmen,mit 2 Backschaufeln in mundgerechte Stücke trennen.Nach Belieben
0,10 l Kirschgeist	darübersprenkeln.Mit
Puderzucker	bestreut,servieren.

Kirschenkompott

750 g Süß- oder Sauerkirschen	waschen,entstielen,aber nicht entkernen.
140 g Zucker	mit
1/2 l Wasser	
1/4 Naturzitrone	und
1 kl. Stange Zimt	brausend aufkochen.Gewürze herausnehmen.Wenn Sud etwas abgekühlt ist, die Kirschen einlegen und bei mäßiger Hitze nicht zu weich kochen.

Sauerkirschen in Gelee

4 Pers.

800 g Sauerkirschen oder Schattenmorellen	entsteint und gekocht, abtropfen lassen. Saft mit
Wasser oder Rotwein	auf 1/2 l Flüssigkeit bringen.
6 Blatt Gelatine	5 Min. einweichen. 1/4 l des Saftes mit
3 EL Zucker	
1 kleinen Zimtstange	und mit der Schale
1/2 Naturzitrone	aufkochen, vom Feuer nehmen, die ausgedrückte Gelatine in der nicht mehr kochenden Masse auflösen und zum anderen Saft geben. Im Kühlschrank anstocken lassen. Sauerkirschen und
*1 EL Pistazien	geschält, unterheben, (einige Früchte zur Garnierung aufheben). In Glasschalen füllen oder in kalt ausgespülte Tassen oder in Förmchen füllen und nach dem Erkalten stürzen. Mit
1/8 l süße Sahne	steif geschlagen und mit den zurückgelassenen Früchten verzieren.

Sauerkirsch-Dessert

4 Pers.

250 g Sauerkirschen	als Kompott gekocht, selbstgemacht oder gekauft, abtropfen lassen. Saft dick einkochen.
200 g Quark	mit
2 EL Zitronenzucker	vermischen,
2 Scheiben Pumpernickel	nicht zu frisch, zerkrümmelt unterheben.
1/8 l süße Sahne	schlagen, mit
Kirschlikör	abschmecken, locker unterziehen. Sauerkirschen in Gläser aufteilen, Quark darübergeben. Obenauf eine Kirsche setzen. Saft darübergießen.

Lychee-Kirschen-Dessert

4 Personen

400 g Sauerkirschen Kompott	selbstgemacht oder im Glas gekauft, abtropfen lassen.
1 Dose Lychees (Einwaage ca.250 g)	ebenfalls abtropfen lassen,Sirup mit dem Saft von
1 Zitrone	und
leichtem Weißwein	auf 3/4 Liter Flüssigkeit auffüllen. Abschmecken,nach Belieben mit
Honig oder Zucker	nachsüßen.
12 Blatt Gelatine	einweichen und ausdrücken.Eine Tasse des Lychee-Weinsaftes erhitzen und die Gelatine darin auflösen.Zum übrigen Saft geben.Eine runde Schüssel kalt ausspülen,die Lychees hineinlegen.
1 EL Pistazien	geschält,im Ganzen dazwischen legen. Saft aufgießen.Im Kühlfach schnell etwas anstocken lassen.Sauerkirschen darüber verteilen,restlichen Saft aufgießen und kaltstellen. Wenn das Gelee erstarrt ist,stürzen. Nach Belieben,flüssige Sahne,Vanillesoße oder Schlagsahne dazu servieren.

Weichseltörtchen

4 Pers.

	Mürbteigtörtchen herstellen nach Rezept Seite 186.
500 g Weichseln Sauerkirschen	waschen,entstielen,entkernen.
1/4 l Wasser	
1/2 Zimtstange	
80 g Zucker	aufkochen,wenn etwas abgekühlt,die Weichseln zugeben,kurz dünsten. Abtropfen lassen.
5 Blatt Gelatine	5.Min. einweichen.Weichselsaft auf 1/4-3/8 l Saft auffüllen,ausgedrückte Gelatine zugeben,kaltstellen. Törtchen mit Weichseln füllen.Das zu stocken beginnende Gelee daraufgeben. Erstarren lassen.Nach Belieben mit
Schlagsahne	verzieren.

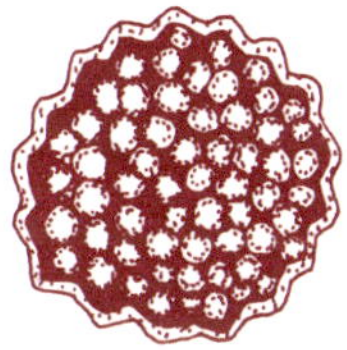

Schwedenfrüchte

4 Pers.

1/2 l Wasser Weißwein	oder nach Belieben mit
180 g Zucker	brausend aufkochen,etwas abkühlen lassen.Inzwischen
200 g grüne Stachelbeeren	waschen,von Blüte und Stiel befreien, anstechen,in die Zuckerlösung geben. Vorsichtig garen.Herausnehmen.
200 g Kirschen	waschen,entstielen,nicht entsteinen,in der Flüssigkeit weichkochen,herausnehmen,
200 g Himbeeren	nach Angabe waschen,mit
200 g Johannisbeeren	gewaschen,abgezupft,in den Sirup geben, nur ganz kurz ziehen lassen. Alle Früchte mit der Soße vermischen. Der Pfiff an dieser Zubereitung:jede Fruchtsorte hat seine passende Garzeit.

Rote Grütze mit Sago 4 Pers.

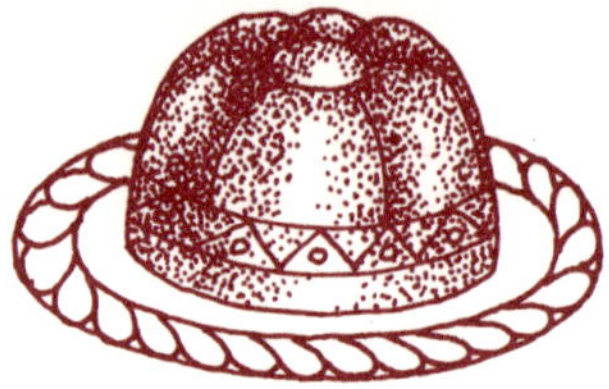

1 l Johannisbeer-	
Himbeer-	oder
Kirschsaft	auch verschiedene Sorten gemischt, mit
80 g Zucker	oder
Honig	nach Belieben süßen.
150 g Sago (Tapioka)	einlaufen lassen, auf gelinder Hitze unter gelegentlichem Umrühren zum Aufquellen bringen bis der Sago glasig ist. In eine mit kaltem Wasser ausgespülte Form oder in kleine Tassen füllen. Nach dem Erkalten stürzen, mit
Vanillesoße Seite 103	oder
1/8 l süße Sahne	nur leicht verschlagen, servieren.

Rote Grütze

750 g gemischte Beeren	und
Kirschen	waschen, 1/3 weglegen, den Rest mit
80-100 g Zucker	aufkochen, durchpassieren, gegebenenfalls mit
Wein	auf 1 l auffüllen.
70 g Stärkemehl	in 1/2 Tasse des Saftes anrühren, zufügen und aufkochen lassen. Die zurückbehaltenen Früchte unterziehen. Die Masse in ausgespülte Schalen füllen und kaltstellen. Mit
Sahne	oder
Vanillesoße Seite 103	servieren.
	Die Grütze kann auch nur aus passierten Früchten hergestellt werden.

Ribisel-Träubel

500 g rote Johannisbeeren
2 EL Johannisbeergelee
1/2 Zitrone
wenig Wein

Zucker

waschen,sehr gut abtropfen lassen,
mit dem Saft von
glattrühren, eventuell
zufügen.Die Johannisbeertrauben
eintauchen,ein wenig abtropfen
lassen.Dann eine Schale mit
richten und die Träubel eintauchen.
Nach dem Einzuckern zum Servieren
in ein großes Stielglas,in einem
Porzellankörbchen oder Aufsatz
hübsch anrichten.

für 4 Personen

Johannisbeerquark

500 g Magerquark
2 Eigelb
170 g Creme fraîche
50 g Puderzucker
oder Honig
300 g Johannisbeeren

mit

verschlagen.
durch ein Sieb streichen,5 Teelöffel
davon zurückbehalten und nach Be-
lieben süßen.Den anderen Teil des
Pürees mit dem Quark vermischen.
In Becher füllen,obenauf einen
Tupfen von dem zurückbehaltenem
Püree setzen.
Joulearm !

Johannisbeer-Törtchen

	Mürbteigtörtchen nach Rezept Seite 186 herstellen.
300 g Johannisbeeren	waschen,abzupfen,abtrocknen lassen. Die Törtchen mit
Himbeermarmelade	bestreichen.
4 Eiweiß	mit
1 Prise Salz	steif schlagen,
150 g Zucker	zugeben,auf Dampf weiterschlagen bis die Masse in Spitzen stehen bleibt.
50 g Mandeln	geschält und gerieben,unterheben.Die Johannisbeeren mit dem Schnee vermischen, in die Törtchen füllen.Mit
Puderzucker	bestäuben.Erst bei 180° backen,dann bei 250° noch kurz überbräunen.

Johannisbeer-Becher

400-500 g Johannisbeeren	waschen,entstielen,5 Trauben zur Garnierung weglegen,in 4-5 Becher verteilen.Mit
4-5 EL Chassis-Likör	oder
Kirschlikör	beträufeln.
3 Eidotter	mit
150 g Zucker	schaumig rühren.
5 Blatt Gelatine	5 Min. kalt einweichen,ausgedrückt in
4 EL Wasser	heiß auflösen.Zur Schaummasse geben.
3 Eiklar	zu festem Schnee schlagen,diesen unterziehen.Eicreme auf die Johannisbeeren verteilen.Mit den zurückgelegten Johannisbeeren garnieren.

Schweizer Rotweinspeise

1/2 l Rotwein	
1/2 Naturzitrone	in Stücken,zusammen zum Kochen bringen.
3 Eigelb	mit
150 g Zucker	schaumig rühren,
1 TL Stärkemehl	mit einem Teil des Weines verrühren, dann mit dem gesamten Wein bei kleiner Hitze aufschlagen bis die Masse gerade zum Kochen kommt.Sofort vom Feuer nehmen, denn aufkochen darf sie nicht.
8 Blatt rote Gelatine	kalt einweichen,ausdrücken,in der heißen Weinsoße auflösen.Erkalten lassen. Vor dem Festwerden
1/4 l süße Sahne	unterziehen.In Schalen gefüllt erstarren lassen.Kann auch ohne Sahne mit
3 Eiweiß	steifst geschlagen,hergestellt werden. Das Eiweiß dann in die heiße Masse einrühren.

Sanddorn-Becher

3 Personen

3 Becher Joghurt	mit
3 EL Sanddornsaft	verschlagen,nach Belieben mit
1 EL Honig	süßen,
2 EL Walnüsse	gehackt,daruntermischen.
	In Becher füllen.Einen kleinen Klecks Sanddorn obenauf setzen.

Chirimoya (Annona cherimola MILL)

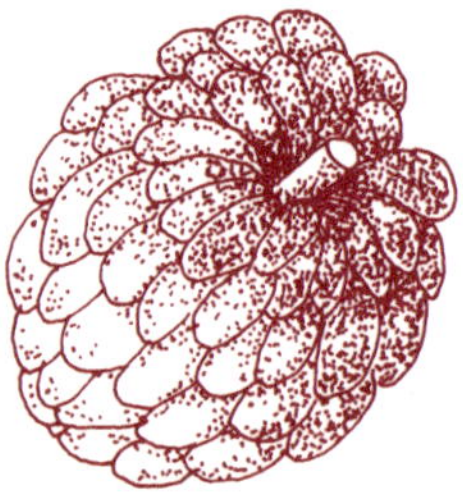

Die frische Frucht wird entweder halbiert und ausgelöffelt,nach Belieben mit einigen Tropfen Limonensaft beträufelt.Oder wenn die vielen Kernchen manchmal stören,kann man das Fruchtinnere durchpassiert über andere Früchte geben,auch über säuerliche Früchte, da die Chirimoya süß und mild ist.

Kaki (Diospyros Kaki L.f.)

Schmeckt am besten roh.Die Früchte sorgfältig waschen,denn die Schale schmeckt sehr bitter.Erst bei Tisch köpfen oder halbieren und auslöffeln ! Sehr karotinhaltig.
Vorsicht vor Flecken !

Blutorangen Körbchen

4 große Blutorangen	halbieren,Saft auspressen.Schale von den ausgepreßten Häuten befreien. Nach Zeichnung Rand aufschneiden.Mit Bändchen zubinden.Saft auf 1/2 l Flüssigkeit mit
Wasser oder Rotwein	auffüllen.
8 Blatt Gelatine (davon 4 rote)	5 Min. in kaltem Wasser einweichen. 1/8 des Saftes mit
Zucker	nach Geschmack,erhitzen,die ausgedrückte Gelatine darin auflösen,zum anderen Saft geben.Kühlstellen. Wenn die Sülze beginnt etwas dicker zu werden -die Körbchen damit füllen und kaltstellen.
	Vor dem Servieren kann man noch nett garnieren mit einem Tupfer
Schlagsahne	
Pistazien	und
Angelika	oder
Naturorengenschalen	feinstnudelig geschnitten,auf die Sahne gestreut.

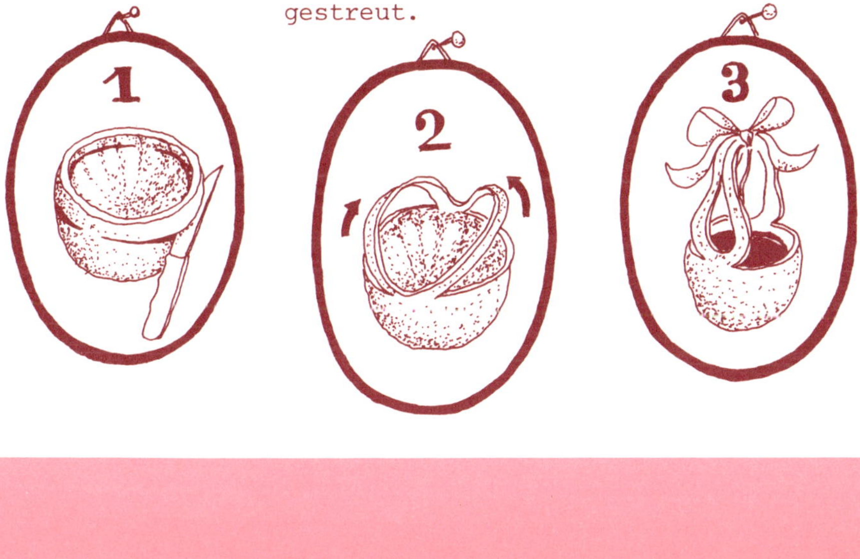

Unser Hausrezept
5 Minuten-Eis

3/8 l süße Sahne	fast steif schlagen,
250 g Tiefkühl-Himbeeren	oder
Erdbeeren	nach Belieben mit
etwas Zucker	bestreut, unaufgetaut in den fast steifen Schlagrahm geben, mit Mixstab oder im Mixer kurz schlagen. Fertig! Sofort auftragen. Kann aber auch nochmals kurz ins Tiefkühlfach oder in den Kühlschrank bis zum Servieren. Hippenstreifen oder anderes leichtes Gebäck dazureichen.

Hagebutten-Sahne-Baisers

Tip: Sie können die doppelte Baisermasse nehmen, dann haben Sie Vorrat. (Fest verschlossen vor Feuchtigkeit geschützt, halten die Baiser-Böden lange frisch.)

	Nicht einfrieren !
	Backofen auf niedrigster Stufe vorheizen. Backblech mit
1 EL Butter	bestreichen,
1 EL Mehl	daraufsieben und abklopfen.
* 3 Eiweiß	leicht angefrostet mit
200 g Zucker	
1 EL Vanillezucker	und
1 TL Zitronensaft	auf Dampf schaumig schlagen bis die Masse in Spitzen stehen bleibt. Sie darf aber nur lauwarm werden !
150 g Hiffenmark (Hagebuttenmark)	und
* 200 g Mandeln	geschält, gerieben, locker unterheben. Mit einem Eßlöffel kleine Böden auf das Blech setzen, mit großer Sterntülle Ränder spritzen. 40 Min. mehr trocknen als backen. (Bei Gas ggf. Backofentüre einen Spalt offen lassen.)
1/4 l süße Sahne	sehr steif schlagen,
2-4 EL Hagebuttenmark roh	und nach Geschmack
2-3 EL Zucker	unterheben. Die Baisers damit füllen.

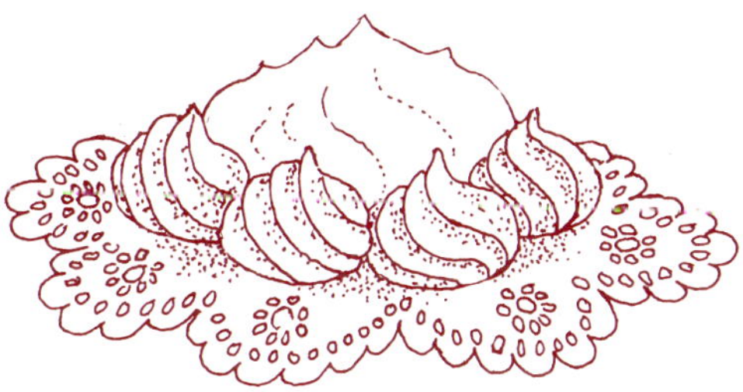

1 Kiwi - Eis

2 Johannisbeer - Eis

3 Chassis - Eis

4 Mandarinen - Eis

5 Erdbeer - Eis

6 Zitronen - Eis

Johannisbeer-Eis

0,20 l Wasser	mit
150 g Zucker	5 Min. brausend kochen lassen.
500 g Johannisbeeren	waschen,8 Träubel beiseite legen,die anderen abzupfen,in die Zuckerlösung geben bis die Beeren weich sind,dann durchpassieren.Zugedeckt nicht ganz fest gefrieren lassen.
1 kleines Eiweiß	nur leicht schlagen,unterziehen, nochmals gefrieren.Beim Servieren mit den zurückgelassenen Träubel und Sahne garnieren. Foto Seite 52-53

Erdbeer-Eis

für 4-5 Personen

0,2 l Wasser	und
120 g Zucker	zusammen brausend aufkochen,
2 TL Zitronensaft	zufügen.
500 g Erdbeeren	nach Angabe waschen,100 g davon zum Garnieren weglegen. Gut abgetropft zugeben,mit dem Mixer pürrieren,zugedeckt im Tiefkühlfach anfrosten.
1 kleines Eiweiß	nur locker geschlagen,unterziehen,in das Tiefkühlfach zurückstellen und fertiggefrieren.Nach dem Portionieren,mit Erdbeeren garnieren.Das Gefrorene kann auch im Eisbereiter hergestellt werden.

Foto Seite 52-53

Fürst-Pückler-Eis

Zu einem festlichen Anlaß ist auch heute noch eine selbstgemachte Fürst-Pückler-Eisbombe recht attraktiv.Die aufgewandte Zeit ist minimal,die Herstellung einfach und die Qualität eben etwas besonderes.
Ob Sie die Eisbombe rund anlegen oder praktischer in einer Kastenform,spielt keine Rolle.

	Zunächst die Form mit
Mandelöl	einpinseln.Kaltstellen.
3/8 l süße Sahne	schlagen,nicht ganz steif,
200 g Himbeeren tiefgefroren	und
2 EL Himbeergeist	zufügen,mit dem Mixstab unter die Sahne schlagen,wird wie Halbgefrorenes. Falls die Himbeeren nicht gesüßt sind,
100 g Zucker	zufügen.Die Masse fest in die Form drücken,im Tiefkühlfach anfrieren.
150 g Makronen	mit
5 EL Himbeergeist	tränken,auf das Himbeereis legen.
3/8 l süße Sahne	steif schlagen,
1 EL Maraschino	
3 EL Puderzucker	gesiebt,zufügen.
2 EL Pistazien	in Scheibchen geschnitten,
2 EL Cocktailkirschen	gehackt,zusammen unter die Sahne heben. Masse auf die Makronen streichen und gefrieren.Inzwischen
80 g Zartbitterschokolade	im Wasserbad schmelzen,
3/8 l süße Sahne	steif schlagen,mit der abgekühlten Schokolade gleichmäßig vermengen und auf die angefrorene weiße Schicht füllen. Ca. 3 Std.eingefrieren.Dann auf eine Platte mit Tortendeckchen stürzen.Heißes Tuch auf die Form legen,damit sich das Eis leichter löst.Mit steif geschlagener Sahne,kandierten od. frischen Früchten garnieren.

Omelette surprise

	Zum Fruchteis:
1000 g Erdbeeren	oder zur Hälfte mit
Himbeeren	gemischt,werden im Mixer püriert.
250 g Zucker	und
2 EL Himbeergeist	zufügen und glattrühren.
1/4 l süße Sahne	steif schlagen,unterziehen.Masse in kalt ausgespülte Form füllen,zugedeckt 3-4 Stunden frieren.Vom Eisfach oder aus der Truhe nehmen,in den Kühlschrank stellen bis das Surprise bereitet wird.
	In eine gebutterte,flache Auflaufform eine Lage von
300-500 g Himbeeren	einfüllen.Das Fruchteis daraufstürzen.
	Zum Überzug:
4 steifste Eiweiß	mit gesiebten
3 EL Puderzucker	weiterschlagen.
2 Eidotter	vorsichtig mit
1 EL Mehl	gesiebt,unterziehen. Das Eis mit der Masse völlig beziehen, leicht mit
Puderzucker	besieben und bei starker Oberhitze in ca. 5 Min. überbacken.

Himbeer-Traum

8 Pers.

	Eine Glasschale mit insgesamt
150 g Löffelbisquitts	belegen, mit
5 EL Himbeergeist	bespritzen.
500 g Himbeeren	einfüllen,zur Garnierung 7 Stück zurücklassen.
9 Eigelb	mit
80 g Zucker	und
1 EL Vanillezucker	schaumig rühren,
3 EL guten Rum	zufügen.
1/2 l süße Sahne	steif schlagen,unterziehen. Die Creme auf die Himbeeren füllen. Glatt streichen.Nicht länger als 1 Stunde in den Kühlschrank stellen.
	Hübsch mit den zurückgelegten Himbeeren,
Angelika	oder
Pistazien	garnieren.

Bayrisch Creme

1000 g Erdbeeren	durch ein Sieb streichen,einige schöne Früchte zurückbehalten.Mit
300 g Zucker	und
1 TL Zitronensaft	rühren bis der Zucker gelöst ist.
10 Blatt Gelatine	davon 3 Blatt rote,kalt einweichen, ausdrücken,in 1/8 Liter erwärmtem Erdbeermus auflösen,an den übrigen Erdbeerbrei geben. Wenn dieser zu stocken beginnt,
3/8 l süße Sahne	steif schlagen,für Garnierung etwas zurückbelassen,anderen Teil unterheben. Sehr kaltstellen,nach ca. 2-3 Stunden stürzen,mit den zurückgelegten Beeren und der Sahne hübsch anrichten.

Wichtig: Sahne erst unterziehen,wenn die Masse zu stocken beginnt, sonst setzt sich das Erdbeermus unten separat ab.

Diese berühmte "Creme" kann auch mit Himbeeren oder Johannisbeeren hergestellt werden.

für 6 Personen

Erdbeeren in Melone

1 Ogen-Melone (ca. 500g)	halbieren,mit einem Löffel die Kerne herausnehmen.Das Fruchtfleisch in Bällchen ausstechen und in eine Schüssel geben.Schalen aufheben.
200 g Erdbeeren	nach Angabe waschen,mit Gabel anstechen,nur leicht eingezuckert mit den Melonenbällchen vermischen.
1/8 l schweren Portwein	darübergießen,zudecken und kaltstellen.Vor dem Servieren die Früchte zurück in die Melonenschalen füllen.

Die Erdbeere

ist wohl eine der beliebtesten Dessertfrüchte. Die Gartenerdbeere sollte aber nur voll ausgereift verwendet werden.Die kleineren Früchte bringen das wertvollere Aroma mit und brauchen nicht geteilt zu werden,was immer mit einem Geschmacksverlust einhergeht.Größere Früchte werden vor dem Einzuckern einfach mit einer Gabel angestochen.Ein paar Tropfen Zitronen-,Limonen- oder Orangensaft heben das Eigenaroma der Erdbeeren ganz erheblich.

Erdbeeren in Bordeaux

Das Wesentliche dieses einfachen Desserts für Kenner liegt in der Qualität der Zutaten.Die Erdbeeren müssen unbedingt voll ausgereift sein,sollten aber in der Konsistenz nicht zu weich sein.Keineswegs sollten sie kalt verwendet werden.
Bei sommerlicher Zimmertemperatur entwickelt sich das feine Aroma nämlich am besten.

Um den Duft nicht zu zerstören,darf der Wein kein aufdringliches Bouquett besitzen.Nicht zu leicht und nicht zu schwer - schön "rund"- sollte er sein und ebenfalls zimmerwarm.
Die Becher nicht zu groß wählen,der Alkohol tut sonst sein übriges.

Erst die Erdbeeren einfüllen,Walderdbeeren schmecken natürlich am besten.Sonst eine kleine Sorte von Gartenerdbeeren wählen.

Pro Person 125 g Erdbeeren,leicht mit Puderzucker nach Geschmack besieben.Einmal nur locker vermischen.1/4 Stunde zugedeckt durchziehen lassen.Den Wein soweit aufgießen,daß die Beeren gerade bedeckt sind.Zudecken,durchziehen lassen und genießen !

Erdbeer-Weinschaum

200 g Garten- oder Walderdbeeren	nach Vorschrift waschen,auf Küchencrepp abtropfen lassen.5-6 nicht zu dünne Becher vorwärmen.
4 Eigelb 1 EL Wasser 1 ganzes Ei 90 g Zucker	mit
1EL Vanillezucker	in einen Topf geben,(kein Aluminium verwenden) und im Wasserbad schaumig schlagen.
0,10 l Rotwein	nach und nach einschlagen bis die Masse luftig und dicklich ist (sie darf nicht kochen !) Topf vom Herd nehmen,
2 EL Orangensaft	frisch gepreßt mit
2 EL Grand Marnier	einrühren.Die Beeren in die vorgewärmten Becher füllen,den Weinschaum darübergeben und sofort servieren.

Erdbeeren Malta

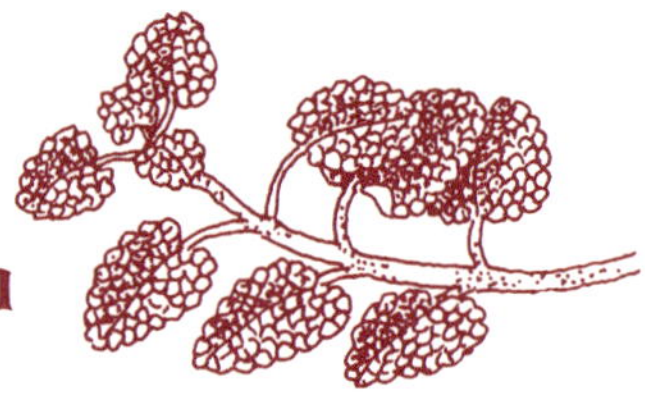

400-500 g Erdbeeren	behutsam waschen,auf Küchencrepp gut abtropfen lassen.Mit Kartoffelgabel einstechen,das geht sehr schnell.
3 EL Orangenalkohol 1 EL Honig	und
1 EL heißes Wasser	verrühren,die Erdbeeren darin wenden.In Glasschalen füllen.Nach Belieben mit wenig,sehr fein gehackter
Zitronenmelisse	bestreut,zu Tisch geben.Nicht kühlen ! Aroma bleibt so voll erhalten.

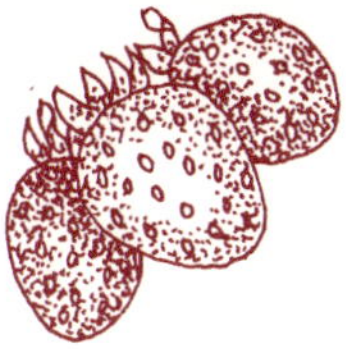

Omis Erdbeerschaum

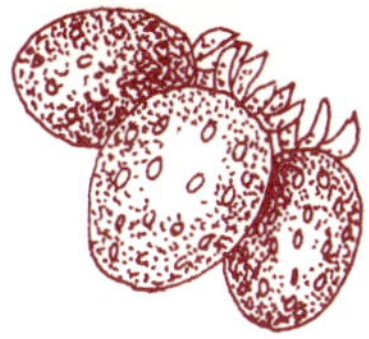

500 g Walderdbeeren Gartenerdbeeren	oder eine kleine Sorte von nach Angabe waschen und auf Küchencrepp legen.Eine flache Auflaufform dünn einbuttern,mit
* 2 EL Kuchenbrösel	ausstreuen.
4 Eiweiß	mit
1 Msp. Salz	und
1/2 TL Zitronensaft	halbfest schlagen,
140 g Zucker	
1 EL Vanillezucker	einrieseln lassen,weiterschlagen bis der Schnee glänzt.Die trockenen Erdbeeren leicht unterheben.In der Form auftürmen und im Backrohr erst bei 180°,dann nach 20-30 Min. bei starker Oberhitze kurz überbräunen.

Onkel Emils Lieblingstörtchen

für 5-6 Pers.

	Kleine Törtchen aus Mürbteig herstellen,Rezept Seite 186.
100 g Bitterschokolade	schmelzen,die Törtchen damit auskleiden.
2 Eidotter	mit
1 TL Stärkemehl	
1 TL Vanillezucker	und
1/4 l Milch	glattrühren,auf dem Feuer abschlagen bis eine dickliche Creme entsteht. In die Förmchen verteilen.
350 g Walderdbeeren	einfüllen.Je ein Häubchen aus insgesamt
1/4 l süße Sahne	mit
1 EL Vanillepuderzucker	vermischt,daraufsetzen.Obenauf kommen je 3 Erdbeeren zur Garnierung. Besonders fein !

Schwarzwald-Becher

4 Personen

500 g Amarillen	oder
Sauerkirschen	werden gewaschen,abgezupft und entsteint.
1/4 l Rotwein	und
125 g Zucker	werden zusammen aufgekocht,die Sauerkirschen hineingegeben.Nur kurz dünsten. Ausgekühlt auf 4-5 Becher verteilen.Zum Garnieren einige Kirschen zurückbehalten.Die Kirschen mit insgesamt
0,10 l Kirschwasser	beträufeln.In jeden Becher 2 Kugeln also insgesamt
8 Kugeln Vanille-Eis	selbstgemacht Seite 103 oder gekauft, füllen,mit
0,20 l süßer Sahne	steif geschlagen,krönen.Obenauf
warme Schokosoße	Seite 161,gießen,Kirschen als Garnierung daraufsetzen.Mit Hohlhippen oder kleinem Gebäck servieren.

Variation:

Statt Vanille-Eis kann man auch Schokoladen-Halbgefrorenes Seite 160, verwenden.

Beschwipste Himbeeren

3 Personen

400 g Himbeeren	nach Angabe waschen,abgetropft auf 4 Becher verteilen.
0,20 l süße Sahne	schlagen,
* 2 EL Mandeln	abgezogen,feingerieben,unterziehen. Die Mandelsahne auf die Himbeeren verteilen.Pro Becher 2 EL also insgesamt
8 EL Egg-Orange	Seite 105,daraufgeben.Sofort servieren. Für Kinder kann man statt dem Likör Schokostreußel verwenden.

Weichsel Sorbet

4 Personen

750 g Weichsel	entkernen,mit Mixstab oder im Mixer fein vermusen.
300 g Zucker	mit
0,10 l Wasser	erhitzen bis der Zucker gelöst ist.Über die Früchte geben und alles durchpassieren.Einfrieren,öfter umrühren oder im Eisbereiter herstellen. Vor dem Servieren das Eis herausnehmen, mit
3/8 l Rotwein	kurz verschlagen,in hohe Gläser füllen und sofort servieren. Kleines Gebäck dazureichen.

Kirschen im Geist

1000 g Süßkirschen	oder
Sauerkirschen	entstielen oder Stiel halb abschneiden, gründlich waschen und abtrocknen.
500 g Zucker	in
0,2 l Wasser	brausend aufkochen, wenn erkaltet, die Kirschen zufügen. In ein gut verschließbares, sauberes und trockenes Glas füllen. Bis zu
1 l Kirschwasser	darübergießen. Sie können auch nach Belieben 54% igen Rum verwenden.

Rumtopf-Früchte

selbst hergestellt sind eine Fundgrube, wenn es darum geht, schnell für ein Dessert eine besondere Zutat zu finden. Nicht immer aber ist der traditionelle Rumtopf das wahre Glück. Die Erdbeeren vermanschen; wer meint, grüne Nüsse seien sehr fein darin, wird überrascht sein wie schwarz die anderen Früchte davon gefärbt wurden.

Sie haben mehr davon, wenn Sie die Früchte separieren. Siehe Rezept "Kirschen in Geist" und "Reineclauden in Geist" Seite 143. Sehr gut schmecken auch Rumfrüchte mit frischen Beeren gemischt.

Preisselbeeren

500 g saure Äpfel	(kann auch Fallobst sein),sauber waschen,nur vierteln,Schale und Kerne bleiben dran,in
wenig Wasser	mit
1 Zitronenschale	weichdämpfen,durchpassieren. Süßen nach Belieben.
5000 g Preisselbeeren	gründlich waschen,abtropfen,mit
1500 g Zucker	vermischen,in einem breiten Topf 20 Min. kochen lassen.Umrühren! Zum letzten Aufkochen den Apfelbrei untermischen.Sehr gut zu Wild und gekochtem Rindfleisch. Diese Preisselbeeren bilden die Grundlage für die Preisselbeercreme.

Preisselbeer-Creme

180 g Preisselbeeren (1 Tasse)	durch ein Sieb streichen oder mit dem Mixstab pürrieren,
2 EL Orangensaft	darunterrühren,
1/4-3/8 l süße Sahne	steifschlagen,unterheben. Sehr fein!

4 Personen

Himbeersoße

350 g Zucker	in
6 EL Wasser	auf kleiner Flamme auflösen und zum Faden kochen.
500 g Himbeeren	nach Vorschrift gewaschen und abgetropft in den Sirup geben.Einkochen lassen.
1/2 TL Zitronensaft	zufügen.Das Ganze durch ein feines Sieb pürieren.Heiß oder kalt verwenden.

rohes Himbeerpüree

250 g Himbeeren	nach Vorschrift waschen,durch ein feines Sieb streichen.
150 g Zucker	und
1/2 TL Zitronensaft	zufügen.Kaltrühren bis sich der Zucker völlig gelöst hat und die Soße glänzt.

rohe Erdbeersoße

500 g Erdbeeren	am besten eine kleine Sorte wählen und sehr reif verwenden. Die Beeren nach Angabe waschen,auf Küchencrepp abtropfen lassen.Mit
ca. 180 g Zucker	je nach Geschmack und Reife der Früchte, in einen Mixbecher geben,
1/2 TL Zitronensaft	zufügen und sehr fein vermusen. Wenn die kleinen Samenkernchen stören sollten,die Soße anschließend durch ein feines Sieb streichen.

Rezept: Maria Kolbeck Furth i/Wald

Wiener Marmelade

Zu manchem Dessert wird Marmelade verwendet. Am besten schmeckt sie doch selbstgemacht ohne chemische Zusätze und Farbe.

500 g beliebige Beeren	wie Gartenerdbeeren, Himbeeren, Johannisbeeren oder gemischte Früchte, werden in einem halbhohen Topf mit
200 g Zucker	bestreut. Man läßt die Früchte Saft ziehen, dann 7 Min. brausend kochen,
100 g Zucker	zufügen und weitere 3 Min. brausend kochen. In Schraubgläser gefüllt, offen auskühlen lassen. Verschlossen kühlstellen. Die Marmelade kann auch ohne Schaden sterilisiert werden. Bei dieser Zubereitung haben Sie weniger Zuckeranteil und mehr Fruchtgeschmack.

Wichtig: Nur diese Menge in einem Topf herstellen. 1000 g also in 2 Töpfen kochen.

Gelee

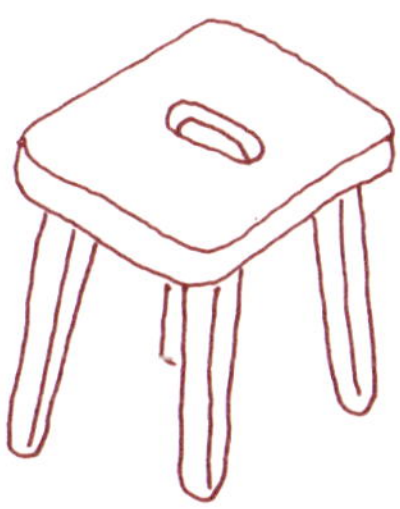

aus Johannisbeeren mit Himbeeren vermischt - vorher durch die Fruchtpresse drehen. Saft wie Marmelade oben verwenden.

Exotischer Fruchtsalat für 4 Personen

Nachdem wir exotische Früchte wie z.B. Guaven, Mangos kaum vollreif erhalten können,ist es besser einmal nach einer Dose zu greifen. Bei diesem Salat ist alles dezent,die Farbe,die Konsistenz und der feine Geschmack einer ausgewogenen Fruchtauswahl.Schnell zubereitet. * Passend nach einem üppigen Mahl.*

	Den Inhalt von
1 Dose Guaven 400 g	auf ein Sieb geben,Saft beiseite stellen, Guaven vierteln.
2 Scheiben Ananas	frisch in kleinen Stücken,
1 kl. Netz-Melone	halbiert,entkernt,in Kugeln ausgestochen,
2 Kiwis	dünn geschält,in 5 mm Scheibchen,
1 Apfel	geschält,gestiftelt,
1 Orange	peinlich geschält,Schnitze enthäutet,
1 Banane	geschält in Scheibchen,den Inhalt von
1 Dose Mangos 400 g	in Würfel schneiden,
100 g Lychees	geschält und entkernt.
	Alles in einer Schale anrichten,Guavensaft durchsieben,mit einem Hauch
Ingwer	würzen,über die Früchte gießen.Einige
Pistazien	anstreuen. Foto nebenan!

Foto:

Exotischer Fruchtsalat

Unser Party-Salat

12-14 Personen

Diesen Obstsalat sollte man am besten in dieser Menge herstellen, da der Reiz gerade in der Vielfalt der verschiedenen Früchte liegt, die aufeinander abgestimmt sind.

1 Ogen-Melone	sehr reif, halbieren, von Kernen befreien, in Kugeln ausstechen, in ein großes Glasgefäß geben. Dann zufügen:
1 kleine Ananas	geschält, Strunk herausgeschnitten, erst in Ringe, dann in kleine Stückchen geteilt.
3 Äpfel	gewaschen, ungeschält gestiftelt. Von
4 Orangen	den Saft. Inhalt von
1 Dose Guaven (800 g)	geviertelt oder halbiert mit Saft, von
1 Dose (400 g) Stachelbeeren	ohne Saft,
4 Bananen	in feine Scheibchen geschnitten,
3 Birnen	geschält in Würfel,
3 Orangen	geschält, in dünne Scheiben und diese geviertelt, den Inhalt von
1 kleinen Dose Mandarinen	mit Saft,
300 g Lychees	geschält, entkernt,
2 reife Mangos	geschält, entkernt oder
1 Dose (400 g)	in mundgerechte Stücke geschnitten,
4 Kiwis	dünn geschält, in 5 mm Scheibchen. Als Clou:
500 g Kirschen tiefgefroren	entsteint und
200 g Johannisbeeren tiefgefroren	zu den anderen Früchten geben, die dadurch alle durchkühlt werden. Ca. 1 Stunde ziehen lassen. Nach Belieben
1/8 l Himbeergeist Maraschino	oder zufügen. Zu diesem Fruchtsalat können Sie Russische Creme Seite 93 servieren. Dann aber Alkohol im Fruchtsalat weglassen.

Annes Winter-Obstsalat 4 Pers.

3 mürbe Äpfel	schälen,vom Kernhaus befreien,achteln und in dünne Scheibchen schneiden,in eine Schüssel geben.Sofort mit dem Saft von
2 kleinen Orangen	und
1 Zitrone	begießen,damit sie nicht anlaufen und gut durchziehen können.
1-2 EL Zucker	oder nach Belieben
Orangenblütenhonig	und
1 Msp. Zimt	in
2 EL Rum	aufgelöst,zufügen.
1 EL Sultaninen	und
1 EL Walnüsse	grobgehackt,daruntermischen,alles zugedeckt 1/4 Stunde ziehen lassen.
3 Bananen	in Scheibchen geschnitten,zugeben.
1/8 l süße Sahne	nur halbsteif schlagen und unterheben. Für Kinder ohne Rumzugabe.

Piña al cirsch

1 kl. reife Ananas	schälen,in 2 cm Scheiben schneiden, Strunk mit Apfelausstecher entfernen oder
4 Ananas-Scheiben	(aus der Dose),ohne Saft auf 4 kleine Teller verteilen,in die Mitte der Ananasringe
je 1 Cocktailkirsche	setzen.
je 2-3 EL Kirschwasser	darüberträufeln.Für Kinder Ananas-Saft verwenden.Sehr erfrischend.

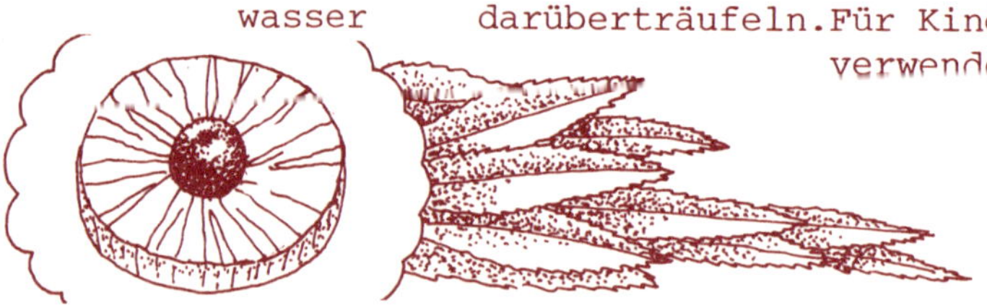

Juli-Becher

für 4 Personen

200 g Erdbeeren	kleine,ausgereifte
100 g Heidelbeeren	
50 g Johannisbeeren	nach Angabe waschen,gut abtropfen, in eine Glasschale oder auf 4 Gläser verteilen.Mit
1 TL Zitronensaft	beträufeln.Nach Belieben süßen.
2 reife Pfirsiche	in kochendes Wasser tauchen,Haut abziehen und in Stücke schneiden, vermusen.
6 EL süße Sahne	
1 Vanillezucker	zufügen,mit Mixstab schlagen bis das Fruchtpürré dicklich ist.Sofort über die Früchte geben.Sieht nicht nur hübsch aus !

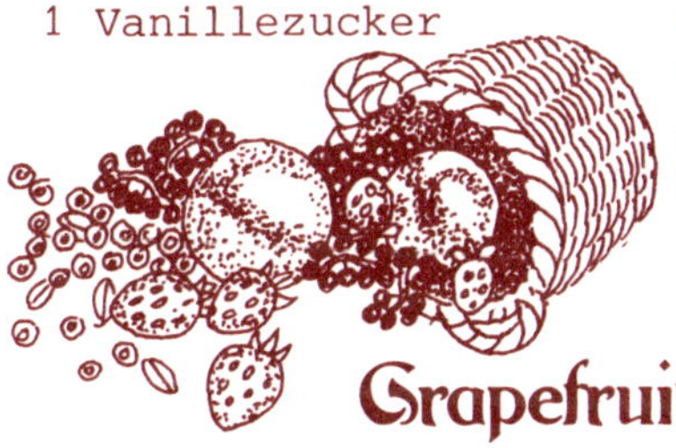

Grapefruit überbacken

4 Pers.

	Backrohr auf 220° einstellen.
4 rosa Grapefruits	halbieren,Fruchtfleisch ohne Haut herauslösen,in eine Schüssel geben.Die Schalenhälften von den Häuten befreien. Das Fruchtfleisch mit
* 4 EL Wal-od.Pekannüssen	gehackt,vermischen und wieder zurück in die Schalen verteilen.
* 4 Eiweiß	gekühlt,mit
180 g Zucker	steif schlagen,auf die Fruchtstücke verteilen und im vorgeheizten Backrohr auf der obersten Schiene goldbraun in ca. 10-15 Min. überbacken.

Aprikosen-Creme

4-5 Personen

150 g getrocknete Aprikosen	mit
1/8 l Weißwein	übergießen,über Nacht einweichen.Dann 8 schöne Aprikosen zum Garnieren wegnehmen.Die anderen mit
100 g Zucker od.Honig	und
2 bitteren Mandeln	vorsichtig weichdämpfen.Mit dem Mixstab fein pürieren oder durch ein Sieb passieren.
6 Blatt Gelatine	5 Min. in kaltem Wasser einweichen,ausdrücken.In einem Schöpflöffel über Hitze unter Rühren auflösen,an das Aprikosenmus geben.Kühlstellen. Währendessen
50 g Mandelstifte	in
1 EL Butter	und
1 EL Zucker	leicht rösten.Beiseite stellen.
1/4 l süßen Rahm	nicht zu steif schlagen,unter die zu stocken beginnende Creme rühren.In eine Servierschale oder in einzelne Gläser füllen,nochmals kühlstellen.Mit den Aprikosen und den Mandelsplittern hübsch anrichten.

Aprikosen-Schichtcreme

Herstellung wie Orangen-Schicht-Creme Seite 81,mit gleicher Menge Aprikosensaft.Mit halbierten,gedünsteten Aprikosenhälften und Pistazien garnieren.

Limonenparfait

für 3-4 Personen

4 ganze Eier	mit
130 g Zucker	im Wasserbad sehr schaumig schlagen, Saft und Schale von
1 Natur-Limone	fein gerieben,unterrühren.
1/4 l süße Sahne	nicht zu steif schlagen,unter die Eimasse heben.In einer ausgespülten Form im Tiefkühlfach erstarren lassen.1/2 Std. vor Gebrauch in den Kühlschrank stellen. Stürzen und mit
Cocktailkirschen	hübsch umlegen.

Zitronen-Creme

von Hilde

6 ganze Eier	mit
120 g Zucker	schaumig schlagen,den Saft von
* 4 Zitronen	zufügen.
* 1 Päckchen Gelatine	nach Vorschrift auflösen,einrühren und die Masse kühl stocken lassen.Vor dem völligen Steifwerden
1/4 l süße Sahne	fest geschlagen daruntermischen.In hübsche Glasschalen füllen und erneut kaltstellen.

Rezept von Gusta Ankert.

Zitronenauflauf

5 Eigelb	mit
5 EL Zucker	sehr schaumig rühren.Saft von
1 Zitrone	und die geriebene Schale von
1 Zitrone	einer unbehandelten Frucht zufügen.
* 50-60 g Mandeln	geschält und gerieben,einrühren.
5 Eiweiß	zu steifem Schnee geschlagen,locker unterheben.In einer gebutterten Auflaufform 30 Min. bei 180°-200° backen.Mit Puderzucker bestreut servieren.

Tante Rosas **Bananencreme** für 4 Personen

4 reife Bananen	schälen,in 3 mm dicke Scheibchen schneiden.Saft von
1 Zitrone	auspressen,sofort daruntermischen damit die Bananen nicht anlaufen.
1/4 l süße Sahne	steifgeschlagen unterziehen,in eine Glasschale füllen,mit
* 2 EL Haselnüssen	leicht geröstet und gemahlen,bestreuen. Variation: Statt mit Zitrone beträufeln,1 große Orange schälen,in feinste Scheiben schneiden und vierteln,mit den Bananen vermischen. Beide Arten essen Kinder gern.

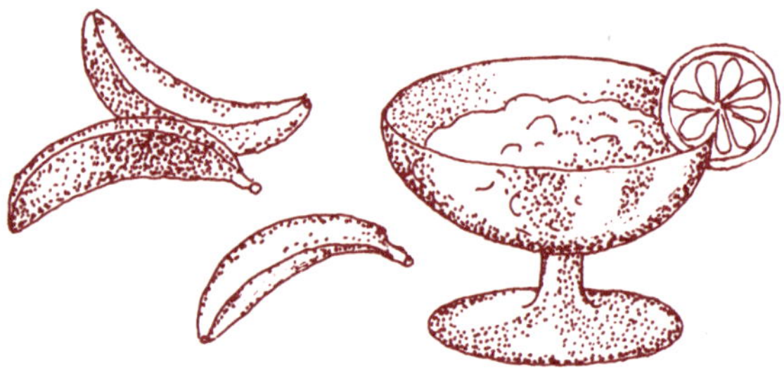

Ingwer-Bananen flambiert 4 Personen

8 kleine Bananen	schälen.In eine Pfanne von 28 cm ø
40 g Butter	zerlaufen lassen,
40 g Farinzucker	und
* 30 g Mandelblättchen	einstreuen,verrühren.Die Bananen einlegen,langsam von allen Seiten mit der Caramelmasse beziehen.Wenn sie durchgebraten sind,
1 TL Ingwer	kandiert,kleinstgehackt,daraufstreuen. Mit
4 EL Cointreau	übergießen und gleich anzünden. Ein schnelles Dessert für die kalte Jahreszeit.

Bananen gebacken

Giovanni Milo

250 g Mehl	und
1 Prise Salz	sieben, mit
1/4 l hellem Bier	anrühren,
3 Eidotter	zugeben und den dicklichen Teig 1/2 Std. stehen lassen. Dann
2 Eiweiß	sehr steif schlagen, unterziehen.
8-10 Bananen	schälen, in den Bierteig tauchen, schwimmend in
gutem Öl	goldgelb backen.

Zur Soße:

5 Eidotter	mit
100 g Zucker	verrühren,
30 g Stärkemehl	zugeben,
1 Vanilleschote	aufschlitzen, mit
1 l Milch	zu der Eimasse rühren, bei mittlerer Hitze zur dicken Creme schlagen, ohne zu kochen, unter Umrühren abkühlen.
1/4 l süße Sahne	steif schlagen,
Rum	und
Eierlikör	nach Geschmack zur Soße rühren.

Einen Teil der Soße über die Bananen geben, den Rest in eine Sauciere füllen.
Die Bananen können warm oder kalt serviert werden.

Bananen Orangen Schale 4 Pers.

4 Bananen	mittelgroß und reif schälen,in 4 mm dicke Scheiben schneiden und in eine Glasschale geben.
4 Orangen	mittelgroß,kernlose Sorte,schälen und halbieren,mit
2 EL Zucker	oder
Honig	in einem Mixbecher pürieren,nach Belieben
4 EL Orangenalkohol	untermischen,die dicke Creme über die Bananen füllen,zugedeckt kühlstellen. Nach Geschmack kann auch auf Zuckerzugabe verzichtet werden.

Orangen Nicola 4 Personen

3 Blatt Gelatine	(weiße),5 Min. in kaltem Wasser einweichen,
6 Würfelzucker	an der Schale
1 Bio-Orange	abreiben,in
1/4 l Orangensaft	geben,
* 2 EL Mandeln	abgezogen,zufügen.Alles aufkochen,vom Feuer nehmen,die ausgedrückte Gelatine im heißen Saft auflösen,
1/4 l Orangensaft	kalt zufügen.4 Glasschälchen kalt ausspülen,den Saft einfüllen und kaltstellen. Wenn völlig erstarrt,nach Belieben mit
1/16 l süßer Sahne	sehr steif geschlagen,mit der Garnierspritze verzieren.
* 2 EL Mandelstifte	geschält und in
1 EL Zucker	geröstet,darüberstreuen.

Orangen-Schichtcreme 4-5 Pers.

9 Blatt Gelatine	5 Min. kalt einweichen,
1/8 l Orangensaft	mit
150 g Zucker oder Honig	erhitzen,ausgedrückte Gelatine darin auflösen.Saft von
1 Zitrone	zufügen,ebenso
* 1/2 l Orangensaft	frisch gepreßt,einrühren.
* 3/8 l süße Sahne	steif schlagen und sofort locker unter die Masse geben,in eine Schale füllen.Kaltstellen.Wenn die Creme fest ist,mit
1 Orange	geschält,in dünne Scheiben geschnitten und
Angelikastückchen	oder
Pistazien	und
1/8 l Sahne	steif geschlagen,garnieren.Diese Creme ist sehr erfrischend,da sich unten eine kleine Fruchtsülze absetzt. Ungarniert zum Einfrieren geeignet.

Karamel-Orangen 3-4 Personen

3-4 Orangen	sehr sorgfältig schälen,in dünne Scheiben aufschneiden,in Schalen füllen.
4 EL Butter	und
4 EL Honig	in einem Pfännchen goldgelb karamelisieren,
2 EL Mandelstifte	nur kurz darin wenden,auf einem Teller auskühlen lassen.Den Karamelrest mit
1/8 l süßer Sahne	auflösen.Diese Soße über die Orangenscheiben gießen,mit den Mandelstiftchen bestreuen.

Mandarinencreme

2 Eigelb	mit
80 g Zucker oder Honig	sehr schaumig rühren,Schale von
1 Bio-Orange	feingerieben zufügen,sowie den Saft von
3 Mandarinen	unterschlagen und
1/2 TL Zitronenzucker	beigeben.
250 g Quark	süß,wenn möglich selbstgemacht,mit
80 g Creme fraîche	oder
dicker süßer Sahne	vermischen,gut mit der Eimasse verschlagen.In Glasschüsselchen abfüllen. Nach Belieben mit
Mandarinenscheibchen	garnieren oder mit
Orangenalkohol	beträufeln.

Mandarinen-Eis

4-5 Personen

6 Mandarinen	entsaften,die Hälfte des Saftes mit
50 g Zucker	erwärmen bis der Zucker völlig gelöst ist.Erkalten lassen.Den restlichen Saft zufügen.Anfrieren lassen.
1 kleines Eiweiß	nur halb steif schlagen,unterrühren und fertiggefrieren lassen,immer wiedereinmal durchrühren oder in einer Eismaschine bereiten.
1 Mandarine	schälen,beim Servieren um das Eis legen.Fertig!

Foto Seite 52-53

Ananas-Sahne-Eis 6 Personen

1 Ananas (800 g)	schälen,Strunk herausschneiden,in Stücke trennen,einige zur Garnierung zurückbehalten.Die anderen mit
2 Zitronen (Saft)	und
230 g Zucker	im Mixer oder mit Mixstab vermusen bis der Zucker völlig gelöst ist.
3/8 l süße Sahne	steif schlagen,unterheben.Masse im Eisbereiter oder im Tiefkühlfach frosten. Nach dem Portionieren mit den Ananasstückchen,Cocktailkirschen und Angelikastreifen hübsch garnieren.
Variation:	Fruchthälften (Schalen) mit dem Eis füllen,garniert servieren.

Ananas-Fruchteis

1 Dose Ananas (500 g)	in Stücken,auf ein Sieb geben und abtropfen lassen.Fruchtstücke mit Mixstab oder im Mixer pürieren.Saft inzwischen mit
2 EL Zucker	sehr dick einkochen,abkühlen lassen,
2 EL Zitronensaft	zufügen,in das Fruchtmus einrühren.Im geschlossenen Behälter anfrieren.
1 Eiweiß	leicht geschlagen,untermischen.Gelegentlich Umrühren,fertiggefrieren.

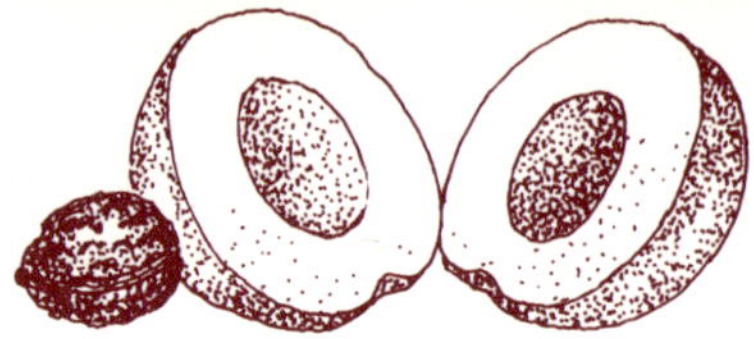

Pfirsich Beignets

750 g Pfirsiche	mit Sieblöffel kurz in kochendes Wasser tauchen,Haut abziehen,halbieren,entkernen und in 1 cm dicke Stücke schneiden.
Ausbackteig	Seite 35 herstellen.
Öl	oder
Ausbackfett	erhitzen,die Pfirsichstücke mit einer Gabel in den Teig tauchen und im Fett goldgelb backen.In eine vorgewärmte feuerfeste Form legen,im Backrohr warm halten bis alle Stücke fertiggebacken sind.Sehr heiß mit
Puderzucker	bestreut,zu Tisch bringen.

Pfirsiche flambiert

4 Pers.

6 gelbfleischige Pfirsiche	kurz in kochendes Wasser tauchen,Haut abziehen,Früchte halbieren,Kerne entfernen.In eine Pfanne von 26-28 cm ⌀
40 g Butter	und
30 g Zucker	erhitzen.
* 50 g Mandeln	abgezogen und gestiftelt,in der Butter lichtgelb rösten,Pfirsiche einlegen, die Lücken mit
200 g Sauerkirschen	ausfüllen,Früchte mit dem Saft immer wieder begießen.In einem Pfännchen
0,10 l Orangenalkohol	erhitzen,auf die Früchte geben und sofort anzünden.* Schnell zubereitet und sehr gut.*

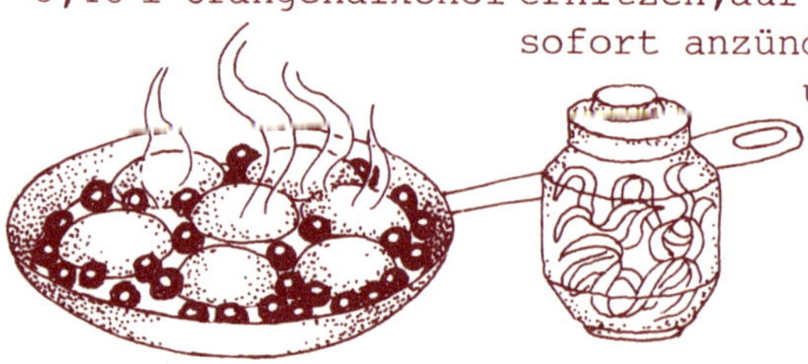

Pêche Maidi

HOLLAND

	Den Inhalt von
1 Dose Pfirsiche	(800 g),gut abtropfen lassen. Vanillecreme bereiten:
1 TL Stärkemehl	und
60 g Zucker	mit
1/2 l Milch	glattrühren,
1/2 Vanillestange	aufgeschlitzt zufügen,auf gelindem Feuer unter Rühren gut aufkochen lassen,damit sich das Vanillearoma entfalten kann. Dann Vanilleschote herausnehmen.
2 Eigelb	mit ein wenig der Soße verrühren,zum Rest geben und durchpassieren.Eine Schale mit der Hälfte von
500 g Mandelmakronen	auslegen,diese mit
Pfirsichgeist	beträufeln.Pfirsiche darauflegen,mit den restlichen Makronen bedecken.Das Ganze mit Vanillesoße übergießen.Kaltstellen. Mit zurückbelassenen Pfirsichhälften, Makronen und
1 EL Pistazien	garnieren.

Mango

Mango (Mangifera indica L.)

Der Duft verrät die Reife der Früchte.Am besten halbieren, Kern entfernen,auslöffeln oder in Fruchtsalaten verwenden. Mangos vertragen sich nicht mit Alkohol !!!

Salzburger Nockerl

	Backröhre auf 200° vorheizen.Eine feuerfeste,flache Auflaufform bodenbedeckt mit
Milch	und
1 EL Butter	anwärmen.
2 EL Butter	mit
3 Eidotter	und
2 EL Zucker	sehr schaumig rühren.
5 Eiweiß	steif schlagen,
1 EL Mehl	darübersieben,locker unter die Schaummasse heben,in die vorbereitete Form geben.8-10 Min. bei 200°-210° goldgelb backen.Mit
Puderzucker	besiebt,sofort zu Tisch geben,Nocken abstechen. 3 Pers.

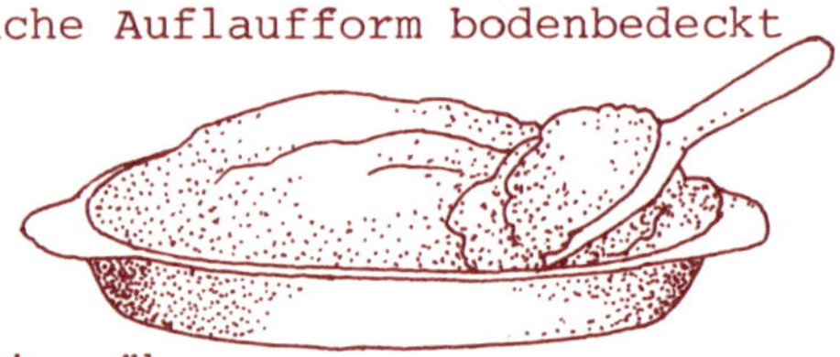

Salzburger Nockerl

	Backröhre auf 180° vorheizen.
3 Eiweiß	zu steifem Schnee schlagen,
1 EL Zucker	unterschlagen,
3 Eidotter	leicht verklöppeln und mit
1 EL Mehl	(gesiebt),unter den Schnee heben.
	In einer breiten Pfanne
80-100 g Butter	erhitzen.3 Nockerl einlegen,goldbraun unter gelegentlichem Rütteln anbraten, mit Backschaufel vorsichtig umdrehen. Im vorgeheizten Backrohr in 5 Min. fertigbacken,mit
Vanillezucker	bestreut,servieren.

Kuckucks-Schalit

100 g Semmelbrösel	mit
1/4 l heißem Wein	tränken und erkalten lassen.
8-10 Äpfel	schälen,Kernhaus ausstechen, füllen mit einer Mischung aus:
6 EL Weinbeeren	
4 EL Farinzucker	und
1 EL Zimt.	In einer Kasserolle die Äpfel in
1/4 l Weißwein	halbweich dünsten,in eine Auflaufform von 26 cm ø setzen,auskühlen lassen.
8 Eigelb	mit
150 g Zucker	schaumig rühren,Saft von
1 Zitrone	und die eingeweichten Brösel sowie den steif geschlagenen Schnee von
8 Eiweiß	unterheben,auf die Äpfel geben. Bei 180° Gas Stufe 2, in einer Stunde im Backrohr goldgelb backen. Warme Weinsoße S. 104 dazureichen. Das Kuckucksschalit kann auch kalt gegessen werden. Sehr gut auch mit 8-10 Pfirsichhälften.

6-8 Personen

Zabaione für 6 Personen

Oft ruft die Zabaione Erinnerungen an den Süden wach. Die lockere Schaumspeise ist schnell bereitet und paßt zu vielen Gelegenheiten.

	In einen feuerfesten Glas- oder Porzellantopf
1 ganzes Ei	und
60 g Zucker	geben, den Topf in ein Wasserbad stellen, bei nur schwach kochendem Wasser schaumig schlagen.
6 Eigelb	zufügen, am besten mit einem Rührgerät, bis die Masse hellschaumig und dicklich ist, langsam tropfenweise
5 EL Marsala	oder
Portwein	und
1 TL Cognac	einschlagen.

Den Topf aus dem Wasserbad nehmen.

Die luftige Schaum-Creme in vorgewärmte Becher füllen.

Foto nebenan.

Foto:

Zabaione

Tessiner Zabaione

4 Personen

1 ganzes Ei	mit
50 g Zucker	im Wasserbad schlagen,
4 Eigelb	zufügen,Masse weißschaumig schlagen, von einer
1/2 Zitrone	die Schale einer unbehandelten Frucht abreiben und dazugeben.
3 EL Marsala	und
1 EL Kirschwasser	tropfenweise,unterschlagen bis die Masse von dicklicher Konsistenz ist und beim Herausziehen der Schläger stehen bleibt.
	In 4 größere Gläser oder Becher
je 1 Kugel Zitroneneis	hausgemacht Seite 179 oder gekauft einfüllen,die warme Weincreme daraufgeben,die sich herrlich mit dem Eis verbindet.

Variation:

In die Servierbecher erst Früchte wie Erdbeeren,Himbeeren oder gedämpfte Sauerkirschen einfüllen.

* Mit diesem Dessert erfreuen Sie Ihre Gäste immer. *

Fürstliche Vanillecreme

1 Vanilleschote	aufschneiden,Samen ausstreifen, mit der Schote
1/2 l süße Sahne	in einen feuerfesten Topf geben.
120 g Zucker	zufügen,alles aufkochen und zugedeckt ziehen lassen.Kaltstellen.
6 Eidotter	verschlagen,den abgesiebten Vanillerahm langsam unter Schlagen zugeben. In hübsche Tassen,Becher oder in eine feuerfeste Form füllen.

Mit Alufolie bedeckt in einem breiten Topf im Wasserbad die Creme in Tassen 30 Min.,in einer Schale 45 Min.,im Backrohr bei 180° stocken lassen.Sie soll in etwa die Konsistenz von Joghurt erreichen.Gekühlt servieren ! Nach Belieben gekochte Früchte oder Rumtopf-Früchte separat dazureichen.

Charlotte Russe

4-5 Pers.

	Eine Rundform ausbuttern,Rand und Boden auslegen mit insgesamt 1 Paket
Löffelbisquitts.	
8 Eigelb	mit
150 g Zucker	und
1 EL Orangenzucker	verrühren,
3/8 l Weißwein	zugeben.Auf dem Feuer abschlagen bis die Creme dicklich ist,aber nicht kocht.
8 Blatt Gelatine	kalt einweichen,ausdrücken,einrühren.
5 EL Rum	zufügen.Beim Festwerden der Creme
1/4 l süßen Rahm	steif geschlagen und
4 EL Zitronat	kleingehackt,unterziehen.Die Masse in die Form füllen,3 Std. gefrieren,dann stürzen und hübsch mit
kandierten Früchten	verzieren.

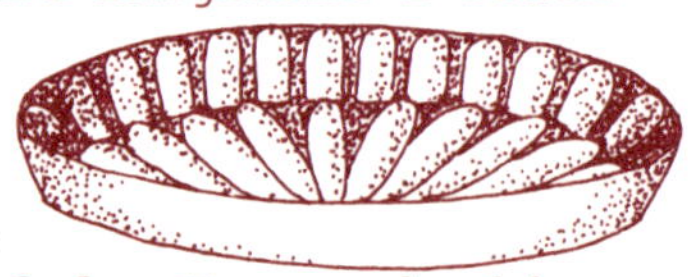

Russische Creme

4 Personen

Ein Dessert ohne großen Zeitaufwand. Diese Creme ist leicht zu bereiten und schmeckt vorzüglich. Sehr gut paßt sie auch über Früchte und zu Obstsalaten.

3 Eigelb	mit
40 g Zucker	werden weißschaumig gerührt, der Zucker muß völlig gelöst sein. Dann
3-4 EL feinen Rum	tropfenweise untermischen,
3/8 l süße Sahne	sehr steif schlagen, locker unter die Eimasse heben. Nur kurz kühlstellen.

Profiteroles

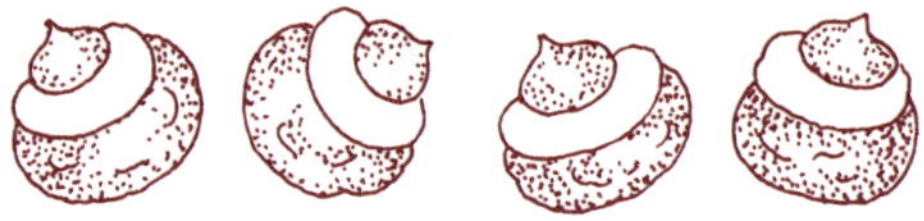

Brandteig	Seite 184,herstellen.Ein Backblech buttern und bemehlen.Mit Spritzbeutel oder zwei Teelöffeln walnußgroße Häufchen setzen.Im vorgeheiztem Backrohr 20-25 Min. bei 220° backen.Nicht gleich aus dem Rohr nehmen. Nach dem Erkalten aufschneiden.
3/8 l süße Sahne	steif schlagen,nach Belieben süßen, Profiteroles damit füllen. Auf eine Platte türmen,mit
Schokosoße	Seite 161,übergießen.
Variation 1:	Sahne mit Egg-Orange abschmecken.
Variation 2:	Die Profiteroles mit Vanille-Eis füllen.
Variation 3:	Pulvermokka aufgelöst unter die Sahne heben.

Windbeutel

Brandteig wie oben herstellen.Größere Häufchen dressieren.Bei 220° im Backrohr ca. 20-25 Min. backen.Mit Sahne,Kaffee- oder Erdbeersahne füllen.Mit Puderzucker besieben.

Portugiesischer Kranz

Brandteig in gebutterter Ringform backen.Aufschneiden,mit Sahne füllen,die mit echtem Vanillezucker verfeinert wurde.Obenauf Schokoladenguß Seite 161 verlaufen lassen.Die Mitte mit abgetropften Kompott- oder Rumfrüchten füllen.

Erika's Ingwercreme

8-10 Personen

Krokant herstellen:

1 EL Butter	und
2 EL Zucker	oder
Honig	in einer Pfanne erhitzen.
* 200 g Mandeln	geschält und gehackt darin rösten. Auf Alufolie auskühlen lassen und zerbröckeln.

8 Eigelb	mit
100 g Zucker	sehr schaumig schlagen.
4 EL Arrak	oder
Weinbrand	untermischen.
8 Blatt Gelatine	5 Min. kalt einweichen, ausdrücken, in
1/2 Tasse Wasser	oder heißem
Wein	auflösen, in die Eicreme geben. Kaltstellen. Wenn die Creme zu stocken beginnt,
8 Eiweiß	sehr steif schlagen,
1/2 l süße Sahne	ebenso
* 4 Ingwerpflaumen	(in Sirup) in kleine Stiftchen schneiden, mit der Sahne und dem Eischnee sowie
2/3 des Krokants	locker unter die Masse heben. In Schälchen füllen, mit dem restlichen Krokant bestreuen und mit
1-2 Ingwerpflaumen	in kleine Scheibchen geschnitten, garnieren. Sehr feines Dessert !

Crêpes Suzettes

	Teig für die Crêpes:
180 g Mehl	mit
1/8 l Milch	und
1/8 l Bier	alles lauwarm, glattrühren.
2 ganze Eier	und
20 g Zucker	zufügen,
30 g Butter	hell bräunen, mit
1 TL Maiskeimöl	verrühren, eingießen. Den glatten Teig 30 Min. ruhen lassen. In einer kleinen, schweren Omelettepfanne, die mit Butter ausgestrichen ist, sehr dünne Pfannkuchen backen und diese warmstellen. Zur Soße:
100 g Kristallzucker	unter Rühren in einer größeren Pfanne bräunen, die unbehandelte Schale von
* 2 Orangen	und
* 1 Zitrone	ohne weiße Innenhaut, feinstnudelig schneiden, mit
30 g Butter	zufügen. Mit
* 100 g Orangensaft	und
* 50 g Zitronensaft	langsam unter Rühren ablöschen bis der Zucker vollständig gelöst ist. Die Crèpes zweimal zusammenfalten, nebeneinander in die Soße legen, erhitzen und wenden.
Je 1 Gläschen	
Grand Marnier	und
Weinbrand	erwärmt darübergießen und anzünden. Soße verteilen.

für 4 Personen

Crêpes Surprise

für 4 Personen

130 g Mehl	
1 Prise Salz	in ein hohes Gefäß geben,mit
1/16 l Milch	
1/16 l Selterswasser	und
1 EL süßer Sahne	glattrühren,
3 ganze Eier	zufügen und fest verquirlen, zudecken,2 Std. ruhen lassen.
300 g Himbeeren	mit
3 EL Zucker	erhitzen und warmhalten. In einer kleinen Omelettepfanne mit
wenig Butter	oder
Pflanzenöl	hauchdünne Crêpes backen,zum Warmhalten bei 150° in das Backrohr stellen.Pergamentpapier dazwischen legen.Zum Servieren je 1 Crêpe auf einen heißen Dessert-Teller legen,
* je 1 Kugel Zitroneneis	selbstgemacht Seite 187 oder gekauft daraufgeben,heiße Himbeeren darübergießen und zuklappen.Mit
Puderzucker	bestäuben, sofort die heißen Crêpes zu Tisch geben,mit
je 1 EL Himbeergeist	begießen und anzünden.

Hollerküchel

8-10 Hollunderdolden (Blüten)	in Wasser tauchen,ausschütteln,
200 g Mehl	in eine Schüssel sieben,
1 Prise Salz	zufügen,mit
1/4 l Weißwein	glattrühren,
2 Eidotter	und
1 EL Öl	darunterschlagen.Den Teig 1/2 Std. ruhen lassen,dann
3 Eiweiß	sehr steif geschlagen unterziehen.Die Hollunderblütendolden eintauchen,ein bißchen abschütteln,schwimmend in
Öl	bei 180° goldgelb backen.Mit
Zucker	bestreut heiß auftragen.

3-4 Personen

Kaiserschmarren

	Backröhre auf 220° vorheizen.
3 EL Mehl	in eine hohe Mixschüssel geben,
4 ganze Eier	hineinschlagen,
1 Prise Salz	zufügen,mit dem Schneebesen verschlagen.
Milch	soviel zufügen,daß ein zähflüssiger Teig entsteht.
3 EL Sultaninen	und
* 50 g Mandelblättchen	unterheben.In eine schwere Pfanne (28 cm ⌀)
30 g Butter	geben,erhitzen,den Teig hineingeben,die Pfanne ins Backrohr stellen und den Teig hellbraun backen.Herausnehmen,in mundgerechte Stücke schneiden,mit
4 EL Kirschwasser	begießen,durchrühren und mit
Puderzucker	bestäubt servieren.

Kompott dazureichen.

Versoffene Jungfern

von Gusti Sonnleitner

3 Pers.

4 Eigelb	mit
100 g Zucker	10 Min. rühren,
4 EL Mehl	untermischen.
4 Eiweiß	zu sehr steifem Schnee geschlagen unterheben.
Ausbackfett oder Öl	erhitzen,mit 2 Eßlöffeln längliche Nocken formen und bei 180° ausbacken. Auf Küchencrepp abtropfen lassen,im Backrohr warmhalten.
1/2 l Weißwein	mit der ungespritzten Schale von
1 Zitrone	und
1 EL Zucker	erhitzen.Weinsoße heiß über die "Jungfern" gießen.Sofort servieren.

Tag und Nacht Pudding

Backröhre auf 200° vorheizen.
Puddingform inclusive Deckel fest einbuttern und mit hellen Semmelbrösel ausstreuen.

100 g Butter	in einem Topf zergehen lassen,
100 g Mehl	darin ein wenig rösten,
3/8 l Milch	langsam zugeben und rühren bis ein glatter Teig entsteht, der sich vom Topf löst. Nach dem Erkalten
5 Eigelb	und
100 g Zucker	zufügen,
*50 g Mandeln	geschält und gerieben, dazugeben.
5 Eiweiß	zu Schnee geschlagen locker unterheben. Teig in 2 Teile trennen. Einen Teil mit
70 g Schokolade	fein gerieben, vermengen. In die vorbereitete Form zuerst den braunen Teig, dann den hellen Teig einfüllen. In leise kochendem Wasserbad -Form darf nur bis 3 fingerbreit unter dem Deckelrand im Wasser stehen- 1 Std. belassen. Dann herausnehmen, Deckel abnehmen, abdampfen lassen. Dann stürzen, mit
klarer Weinsoße Weinchaudeau	Seite 105 begießen oder dazureichen.

Für Kinder: eignet sich sehr gut Fruchtsoße!

Rheinischer Bund

für 4-5 Personen

	Eine Auflaufform von 26 cm ⌀, mit
1 EL Butter	bestreichen,
250 g Rühr-Nuß- oder Bisquittkuchen	in Scheiben geschnitten, einlegen, mit
3 EL Arrak	beträufeln, nach Belieben
250 g Früchte	daraufverteilen.
	Eine Creme bereiten:
2 Eigelb	und
1 ganzes Ei	mit
60 g Zucker	zur Schaummasse verschlagen,
3/8 l herben Weißwein	untermischen, das Ganze bei gelinder Hitze eindicken, aber nicht kochen lassen. Über die Früchte geben und zugedeckt ziehen lassen. 1/2 Std. vor dem Servieren Backröhre auf Oberhitze einstellen.
2 Eiweiß	mit
80 g Zucker	steif schlagen, auf die Creme geben, Spitzen hochziehen,
* 20 g Mandeln	geschält und blättriggeschnitten darüber streuen und das Ganze 10-15 Min. überbräunen.

4 Pers. Palatschinken

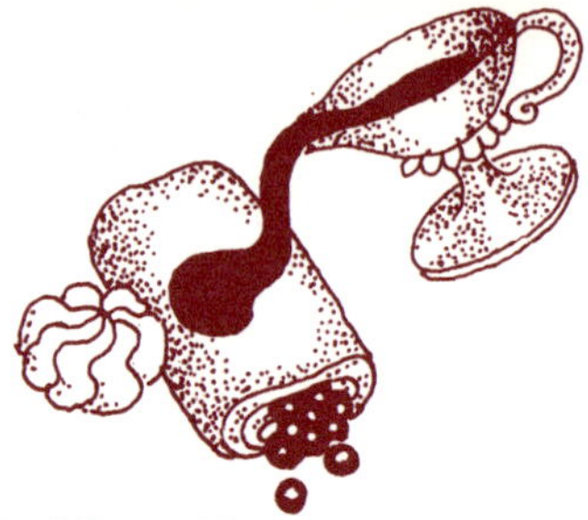

125 g Mehl	in eine Schüssel sieben,
1 Prise Salz	und
1 TL Zucker	zufügen,mit
1/4 l Milch	glattrühren,
3 ganze Eier	verschlagen,dann an das Mehl- Milchgemisch geben und den Teig glattrühren.1/2 Stunde stehen lassen.Backrohr zum Warmhalten auf 150° vorheizen.In einer Pfanne von 20-22 cm ø ein Stückchen von insgesamt
100 g Butter	zerlaufen lassen.Nach dem Ausschäumen den Teig dünn einfüllen.(Es soll kein Pfannkuchen werden !) Goldbraun backen,wenden,auf einen vorgewärmten Teller gleiten lassen,Pergamentpapier zwischenlegen.Im Backrohr warmhalten bis alle Palatschinken gebacken sind,dann
Rumfrüchte	selbstgemacht,abtropfen lassen,die Palatschinken damit füllen,zusammenklappen,einen Streifen von
Schokosoße	Seite 161,darübergießen.

Topfennockerl 4 Pers.

500 g Topfen	sehr trocken,in eine Schüssel passieren,
4 ganze Eier	und
1 Prise Salz	gut unterrühren,
1 EL Mehl	hineinsieben.Wenn Sie Quark verwenden,mehr Mehl zufügen.Von der Masse mit 2 Teelöffeln Nockerl abstechen,im kochenden Salzwasser 5 Min. belassen,herausnehmen,abtropfen lassen. In einer weiten Pfanne
40 g Butter	und
40 g Zucker	bräunen,die Nockerl hineinlegen,rundum Farbe nehmen lassen.Heiß servieren.

Vanillesoße

1/2 l Milch	mit
1 Vanillestange	aufgeschlitzt,zum Kochen aufstellen. Inzwischen in einem anderen Topf
3 Eidotter	mit
30 g Zucker	gut verrühren,
10 g Stärkemehl	zufügen,erst mit
5 EL Milch	glattrühren,dann die heiße Vanillemilch ohne Schote zugeben.Auf dem Feuer abschlagen bis die Soße gerade einmal aufwallt.Unter gelegentlichem Umrühren erkalten lassen.

Vanille Chaudeau

	Obiges Rezept bereiten,jedoch in die heiße Soße
2 Eiweiß	sehr steif geschlagen,heben.

Vanille-Eis

Vanille-Eis ist oft die Grundlage für feine Desserts, darum sollte es von bester Qualität sein.

4 Eigelb	erst mit
1 EL kalter Milch,	dann mit
100 g Zucker	schaumig rühren.
1 Vanillestange	spalten,Samen ausstreifen,beides in
1/2 l süßen Rahm	geben,
30 g Butter	zufügen,auf gelindem Feuer die Vanillestange ausziehen lassen,dann herausnehmen. Die Eigelbmasse unter Rühren in die Sahne geben und auf kleiner Hitze dicklich schlagen.Nicht kochen lassen ! Unter Umrühren abkühlen.In Eisbereiter füllen oder im Tiefkühlfach gefrieren,ca. 2-3 Stunden.

Klare Weinsoße

1/2 l herben Weißwein	mit der Schale von
1 Naturzitrone	und
Zucker	nach Geschmack,erhitzen.

Feine Weinsoße

3 ganze Eier	mit
100 g Zucker	und den Saft von
1/2 Zitrone	verrühren,Schale von
1/2 Zitrone	,zufügen,mit
1/4 l Weißwein	auffüllen,auf kleinem Feuer schlagen bis die Masse dicklich ist,aber nicht kocht. Topf vom Feuer nehmen.Noch ein bißchen weiterschlagen.

Wein Chaudeau

für 4 Personen

2 ganze Eier	und
1 Eigelb	verschlagen,mit
150 g Zucker	und der Schale von
1/2 Zitrone	einer unbehandelten Frucht,vermischen,mit
1/2 l herben Weißwein	auf dem Feuer schlagen bis die Soße dick ist,darf aber nicht kochen. Vom Herd genommen noch etwas weiterschlagen.Sofort servieren.

Eierlikör

Mit einem hausgemachten Eierlikör kann so mancher Obstbecher, eine Soße oder ein Eis-Dessert verfeinert werden. Hier ein altes Regensburger Rezept:

4 Eigelb	mit
150 g Puderzucker	sehr schaumig rühren. Inzwischen
1/2 l Milch	mit
150 g Zucker	aufkochen und erkalten lassen. Mit der Schaummasse verrühren und
1/4 l Weingeist	einrühren, durchsieben. Sofort in Flaschen abfüllen, fest verschlossen kühl lagern.

Orangenalkohol

4 Naturorangen	waschen, die Schale hauchdünn abschälen, in ein gut verschließbares Glasgefäß geben.
1/2 l Alkohol 70 %	darübergießen, die Schalen 8-14 Tage ziehen lassen. Absieben ! Orangenalkohol ist ideal zum Flambieren, ist nicht süß und paßt zu jeder Fruchtsorte, in Obstsalate und in Schokodesserts.

Egg Orange

Eierlikör	Rezept wie oben herstellen. Anstelle von Weingeist jedoch
3/8 l Orangenalkohol	unterrühren. Durchsieben, gut verschlossen in Flaschen lagern. Verwendung wie Eierlikör. Paßt im Geschmack vorzüglich zu Frucht- und Schokodesserts.

Heidelbeer-Baisers 6 Pers.

6 Baisers	selbstgebacken Seite 183 oder fertig gekauft, auf ein Kuchengitter legen.
500 g Heidelbeeren	nach Angabe waschen und abtropfen lassen. 6 EL zum Garnieren beiseite legen.
3/8 l süße Sahne	steif schlagen,
2 Vanillezucker	zufügen, die Heidelbeeren locker unterheben. Die Baisers damit füllen und mit den zurückbelassenen Beeren garnieren.

Nach Belieben können die Heidelbeeren nach dem Abtropfen mit etwas Likör beträufelt werden.

Variation:

Pro Baiser 1 kleine Kugel Heidelbeer - Eis Seite 111 oder Vanille - Eis Seite 103 in der Heidelbeersahne verstecken.

Foto nebenan.

Foto:

Heidelbeer - Baisers

Gerlis-Germknödel 6 Personen

	Alle Zutaten auf Zimmertemperatur bringen.
300 g Heidelbeeren	nach Angabe waschen,abtropfen lassen.
375 g Mehl	in eine warme Schüssel sieben,Mulde machen.
30 g Hefe	mit
1 EL Zucker	glattrühren,
1/8 l Milch	lauwarm einrühren und das Ganze in die Mulde gießen,leicht mit Mehl bestäuben. Zudecken und an warmem Ort gehen lassen. Wenn der Vorteig,das "Dampferl" gegangen ist,folgende Zutaten lauwarm beigeben:
2 ganze Eier	
1 EL Öl	
1 EL Sauerrahm	
1 Msp. Salz	und
soviel Milch,	daß ein geschmeidiger Teig entsteht,der sich nach dem Schlagen von der Schüssel löst.Zugedeckt 1 Std. gehen lassen.Mit einem Eßlöffel kleine Knödel abstechen. Vertiefung eindrücken.In diese
je 1 EL Beeren	geben,schließen,rund zu Knödel drehen.In einem Topf ca.4-5 l fassend
Salzwasser	zum Kochen bringen,die Knödel einlegen, bei kleinerem Topf nur portionsweise,damit sie beim Aufgehen nicht zusammenkleben.Bei gelinder Hitze zugedeckt erst 5 Min. hochgehen lassen,dann noch weitere 5 Min. ziehen lassen.Gut abgetropft auf eine vorgewärmte Platte legen.
* 300 g Topfen	sehr trocken,grob gerieben,in eine kleine Schüssel geben.
50 g Zucker	mit
1 EL Zimt	vermischt,über die Knödel streuen.
200 g Butter	in einem Pfännchen leicht anbräunen,gleich in diesem servieren.Jeder streut sich selbst den Topfen über die Knödel und gießt sich die Butter darauf.

Heidelbeer-Quarkstrudel 6 Pers.

Strudelteig	selbstgemacht Seite 185 herstellen.
	Zur Füllung:
750 g Heidelbeeren	nach Angabe waschen,sehr gut abtropfen lassen.

1500 g Quark	
180 g Zucker	
1 EL Vanillezucker	und
4 Eidotter	zusammenrühren,
40 g Butter	zerlassen und
30 g Mehl	zugeben.
4 Eiweiß	steif schlagen,unterheben.
	Den ausgezogenen Strudel mit insgesamt
60 g Butter	bepinseln,mit Quarkfülle belegen.Die Heidelbeeren in die Mitte,in einem Streifen,auf die Quarkfülle platzieren.Mit Hilfe des Tuches locker zusammenrollen. In eine gebutterte Raine oder Pfanne legen,mit
flüssiger Butter	bepinseln und bei 210° backen.Zwischendurch immer mit Butter bestreichen.Vor dem Aufschneiden etwas ruhen lassen,damit die Fülle nicht herausläuft.Mit
Puderzucker	bestäubt,servieren.

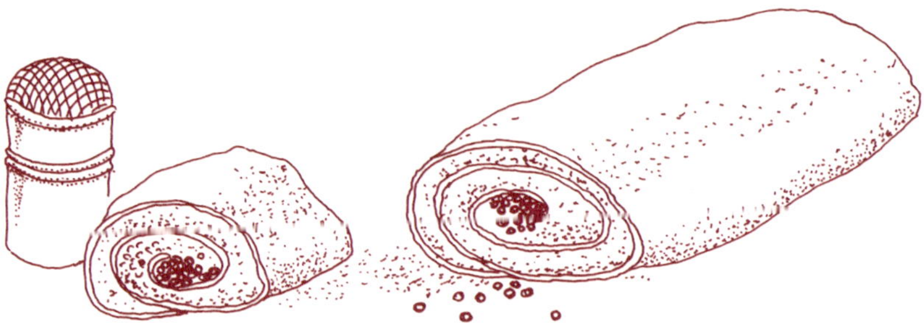

Heidelbeer-Kompott 4 Pers.

Diesen empfindlichen Früchten gebührt eine besondere Zubereitung.

500 g Heidelbeeren — (auch Bickbeeren, Schwarz- oder Blaubeeren genannt), nach Angabe waschen und gut abtropfen lassen.

In einen feuerfesten Topf 1 cm hoch

Selterswasser — einfüllen, zum Kochen bringen, nur

1 kl. Stück Zimtrinde

2 EL Zucker

oder

Waldhonig — darin auflösen. Die Beeren einfüllen, Topf ins Wasserbad stellen, behutsam umrühren und nur ganz kurz ziehen lassen, sie sollen nicht zerfallen. Nach Belieben kann man Schlagsahne separat dazureichen.

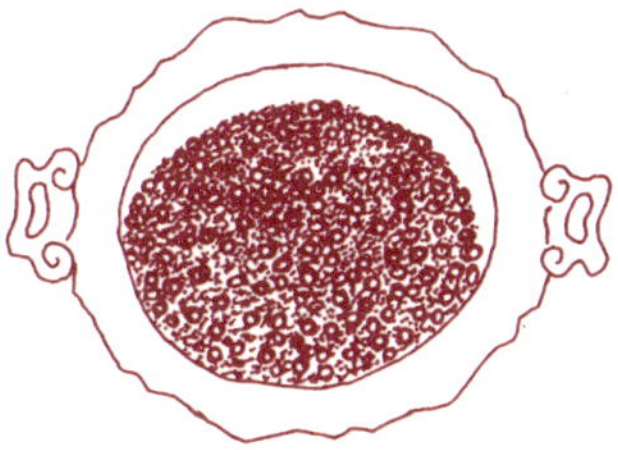

Heidelbeer-Eis

180 g Zucker

180 g Wasser — zusammen brausend 5 Min. kochen und abkühlen lassen.

500 g Heidelbeeren — gewaschen und abgetropft in den Sud geben, durchpassieren und einfrieren. Bevor das Gefrorene ganz fest ist,

1 Eiweiß — nur halbfest schlagen, untermischen. Während ca. 3 Stunden einfrieren, gelegentlich durchrühren.

Heidelbeer-Pie 4-5 Pers.

400 g Heidelbeeren	nach Angabe waschen,im Sieb abtropfen lassen,auf doppeltem Küchencrepp zum Trocknen ausbreiten.
190 g Mehl	auf eine glatte Arbeitsfläche (Glas, oder Kunststoff,kein Holz) sieben,
1 Msp. Salz	zufügen,
150 g Butter	eiskalt,in Stückchen mit
2-3 EL Eiswasser	rasch zu glattem Teig verkneten.In Gefrierbeutel stecken,im Kühlschrank fest werden lassen.Backröhre auf 290° vorheizen,Gas Stufe 7-8.In eine kalte, runde Kuchenform von 20 cm ø werden 2/3 des Teiges ausgerollt.Mit
* 4 EL Mandelblättchen	belegen und auf die 2. Rille von unten in den Backherd schieben.10 Min.backen.
3 kalte Eiweiß	mit
1/2 TL Zitronensaft	sehr steif schlagen,
50 g Rohrzucker	unterschlagen,
* 50 g Mandeln	geschält,gerieben zufügen. Die Heidelbeeren mit der Schneemasse mischen,auf den Kuchenboden geben, andere Teighälfte zwischen Haushalts-folie oder Gefrierbeutel ausrollen. Löcher herausstechen,auf die Heidel-beeren legen,mit
1 Eigelb	bestreichen und ca. 15 Min. auf der mittleren Einschubleiste fertig backen.

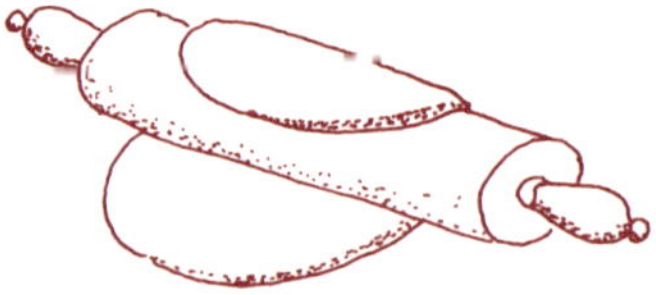

Heidelbeer-Blätter

4 Pers.

1/2 Menge Strudelteig	Rezept Seite 185. Nach dem Ruhen 3 mm dick ausrollen, mit einem Blumenausstecher oder Glas von ca. 8 cm ausstechen, etwas trocknen lassen.
Feines Öl	auf 170°-180° erhitzen,Teigblätter hineinlegen und goldgelb backen. Auskühlen.
1/4 l süße Sahne	schlagen,
2 EL Vanillezucker	zufügen,
200 g Heidelbeeren	gewaschen,getrocknet,unterheben. Auf Teller runde Hügel formen, außen herum die Teigblätter ein-stecken.Mit
Puderzucker	bestäuben.

Heidelbeer-Halbgefrorenes

1/4 l süße Sahne	halbfest schlagen,
300 g Heidelbeeren tiefgefroren	unaufgetaut hineingeben,mit
Puder-,Roh-	oder
Vanillezucker	süßen,mit Mixstab weiterschlagen bis zur Konsistenz von Sahneeis.

Blaubeer-Creme

500 g frische Blaubeeren mit
60 g Rohzucker im Mixer vermusen oder durchpassieren.

1/4 l süße Sahne schlagen, die Beeren erst mit
3 EL Crême fraîche vermischen, dann die Sahne unterheben.

Variation: Statt Sahne Joghurt verwenden.

Heidelbeer-Quark

200 g Quark durch ein Sieb streichen,
300 g Heidelbeeren nach Vorschrift waschen und abtropfen lassen.

Quark nach Belieben mit
Honig oder Rohzucker abschmecken. Die geriebene Schale
einer Naturzitrone zufügen, die Heidelbeeren locker mit dem Quark vermischen.

3-4 Personen

Holundermus

500 g Hollerbeeren	abgezupft waschen und abtropfen lassen,
250 g Zwetschgen	waschen,halbieren,entsteinen.
250 g Birnen	schälen,halbieren,vom Kernhaus befreien und achteln.
1/4 l Wasser	
4 El Zucker oder Honig	
1 Stückchen Zimt	und die Schale von
1/2 Narurzitrone	aufkochen,Hitze veringern,das Obst hineingeben und leise köcheln lassen. nach Belieben kann
1 EL Stärkemehl	mit
etwas Milch	angerührt,mit aufgekocht werden.Das Kompott muß vor dem Auftragen völlig erkaltet sein.

Waldbeeren-Joghurt 3-4 Pers.

	1 Glasschüssel kalt ausspülen,kühlstellen.
* 50 g Mandeln	geschält und gestiftelt in
20 g Butter	und
1 EL Honig	rösten.Beiseite stellen.In die Schüssel
3 Becher Joghurt	geben,zugedeckt in das Gefrierfach stellen.
300 g Heidelbeeren	und
200 g Himbeeren	vermengen,mit
Honig	nach Geschmack süßen,durchziehen lassen. Joghurtschüssel mit heißem Tuch belegen,geeisten Joghurt auf eine tiefe Platte stürzen,die Früchte darübergeben,mit den Mandeln bestreut,gleich servieren.

das gute abgezogene Zwetschgenkompott

von Lina Kohl

1000 g Zwetschgen	(keine Pflaumen verwenden !), portionsweise kurz in kochendes Wasser tauchen,Haut abziehen,Zwetschgen ganz lassen.
3/4 l Wasser	
1 Scheibe Zitrone	einer unbehandelten Frucht,
1 Stück Zimtstange	und
100-200 g Zucker	oder
Honig	je nach Süße der Früchte und Geschmack zufügen.Das Ganze gut einkochen lassen. Gewürze herausnehmen,wenn der Sud abgekühlt,die Zwetschgen einlegen,vorsichtig leise köcheln lassen.Zugedeckt zum Auskühlen stellen. Der Geschmack der Kerne durchzieht die ganzen Früchte und gibt ihnen das feine Aroma.

Pflaumen

nicht verwechseln mit Zwetschgen.Die Pflaume besitzt einen rundlichen Kern,ähnlich dem der Reineclaude.Die Zwetschge dagegen hat einen länglichen,flacheren Kern.Die Pflaume reift etwas früher,wird beim Kochen sauer -ist deshalb am besten zum Frischverzehr geeignet-.
Beim Backen saftet sie sehr stark,also nicht für "Zwetschgendatschi" verwenden.Diesen am besten mit Spätzwetschgen belegen.

Zwetschgenstrudel 6-8 Pers.

	Läßt sich einfrieren,daher ist es gut,dieses größere Quantum herzustellen.
500 g getrocknete Zwetschgen	entsteint,über Nacht in lauwarmem Wasser einweichen.Dann abtropfen lassen,kleinschneiden.
3 Strudelteigblätter	selbstgemacht,Grundrezept Seite 185 oder Fertigprodukt mit insgesamt
60 g brauner Butter	bepinseln.
200 g Crême fraîche	oder
dicke saure Sahne	in Tupfen daraufsetzen,die Zwetschgen möglichst gleichmäßig bis 2 cm zum Rand hin verteilen, mit
Zimtzucker	bestreuen.Strudel an den kurzen Seiten 2-3 cm einschlagen,dann mittels des Tuches durch Anheben locker zusammenschlagen. Auf ein gebuttertes Blech oder in eine feuerfeste Form legen.Mit flüssiger Butter bepinseln und im Backrohr ca. 30-40 Min. bei 200° goldbraun backen.Mit Vanillezucker bestreut,heiß oder auch kalt servieren.

Zwetschgen Nudeln 6-8 Personen

	Alle Zutaten vorwärmen.
750 g Mehl	in eine Schüssel sieben,in die Mitte eine Mulde drücken,
50 g Hefe	in eine Tasse zerbröckeln,mit
1 EL Zucker	glattrühren,dann
1/8 l Milch	lauwarm zugeben,in die Vertiefung gießen, mit wenig Mehl vermischen und leicht damit bestäuben.Auf den Mehlkranz
150 g Butter	in Flöckchen geben
1 Prise Salz	und
150 g Zucker	daraufverteilen.Mit einem Tuch abdecken. Warmstellen.Wenn der Vorteig,das "Dampferl" nach ca. 15 Min. gegangen ist,gibt man
bis 1/4 l Milch	lauwarm und
2 kl. ganze Eier	dazu.Den Teig nun tüchtig abschlagen,mit der Hand oder Handrührgerät (Knethaken) bis er Blasen wirft und sich von der Schüssel löst.Abermals 1 Std. gehen lassen. Backrohr auf 220° vorheizen.
* 18 Spätzwetschgen	waschen,halbieren,entkernen.
Je 1 kl. Zuckerstückchen	statt Kern einlegen.Teig in 18 gleichgroße Stücke teilen,Zwetschgen mit Teig umhüllen,runddrehen.In einer länglichen Bratpfanne
80 g Butter	zerlassen,Nudeln einsetzen.Kurz gehen lassen.In 30-40 Min. schön braun backen.Auf ein Kuchengitter stürzen.Mit
30 g Butter	zerlassen,bestreichen und mit
3 EL Vanillezucker	bestreuen.Die Zwetschgennudeln können heiß mit
Vanillesoße S.103	oder
Weinchaudeau S.104	serviert werden.Sie schmecken aber auch kalt zu einem Tässchen Kaffee.
	* Zum Einfrieren geeignet. *

Böhmische Zwetschgenknödel

Viel Arbeit,aber gut!!!

50 g Butter	schaumig rühren,
1 Eidotter	zufügen,
100 g Topfen	trocken,am besten selbstgemacht,feinst gerieben oder
100 g Quark	unterrühren,
0,2 l Milch	lauwarm zugeben.(Bei Verwendung von Quark nur die halbe Menge der Milch verwenden).
1/2 TL Salz	und soviel gesiebtes
Mehl	zufügen bis ein geschmeidiger Teig entsteht,von der Konsistenz eines Strudelteiges.Zugedeckt 1/2 Std. ruhen lassen. Inzwischen
ca. 40 Zwetschgen	waschen,abtrocknen,entkernen,statt Kern
Zuckerstückchen	einlegen.
	Teig ca. 3mm dick ausrollen,Quadrate in der Größe schneiden,daß die Zwetschgen eingewickelt werden können.Wie zu Knödel drehen,damit der Teig die Zwetschgen gut umhüllt.Einen großen Topf mit
Salzwasser	zum Kochen aufstellen,Knödel hineingeben, 5 Min. nach dem Aufkochen ziehen lassen. Auf einem Sieb zum Abtropfen geben.Auf einer feuerfesten Platte im Backrohr warmhalten.
300 g Topfen	trocken,fein gerieben auf die Knödel geben,mit
* 150 g Lebkuchenbrösel	überstreuen und
200 g Butter	gebräunt,darübergießen.
	Für 6-8 Pers.

Cassis Gefrorenes

500 g schwarze Johannisbeeren	waschen und abtropfen lassen, abzupfen.
0,1 l Wasser	mit
100 g Zucker	5 Min. brausend kochen lassen, die Beeren in den Zuckersirup geben,bei kleinster Hitzeeinstellung darin belassen bis sie weich sind und durchpassiert werden können.3 EL Saft wegnehmen.
1 Tafelbirne	schälen,stifteln,mit dem Chassissaft begießen.Das Fruchtmus zugedeckt in das Tiefkühlfach stellen.Nach dem Anfrosten
1 kleines Eiweiß	nur leicht schlagen,unterziehen und erneut gefrieren lassen.Nach dem Portionieren die Birnenstiftchen um das Fruchteis legen.Foto S. 52-53

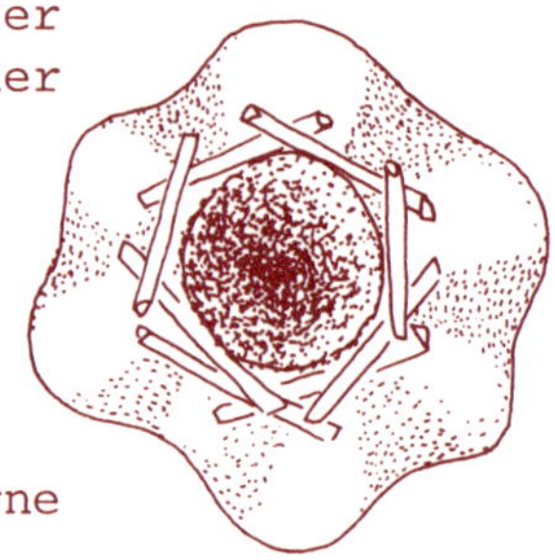

Brombeer-Kompott

400 g Brombeeren	nach Angabe waschen, abtropfen lassen.
0,10 l Wasser	mit
80 g Rohzucker	brausend kochen, Früchte einlegen, Topf ins Wasserbad stellen, durchziehen lassen, bis die Beeren weich, aber nicht verkocht sind.

Cassis-Sahne für 3-4 Personen

Schwarze Johannisbeeren sind sehr vitaminreich und schmecken bei richtiger Zubereitung ausgezeichnet.

300 g schwarze Johannisbeeren	nach Angabe waschen,abzupfen,
0,10 l Wasser	mit
80 g Rohrzucker	brausend kochen,etwas abkühlen lassen,die Johannisbeeren einfüllen,nur solange garen bis sie gerade weich sind. In einen kleinen Topf Saft ablaufen lassen und auf gelindem Feuer eindicken.Abkühlen.
0,2 l süße Sahne	steif schlagen,nur ganz leicht mit den Früchten vermischen, es sollen weiße Streifen sichtbar sein.In Becher füllen,den Saft verteilen.Kleines Gebäck dazureichen.

Brombeerbecher

500 g reife Brombeeren	nach Angabe waschen,gut abtropfen lassen,4 EL wegnehmen zur Garnierung.Die übrigen mit
4 EL Brombeerlikör	begießen,zudecken und durchziehen lassen.4 Gläser vorkühlen,
je 1 Kugel Vanilleeis	selbstgemacht Seite 103 oder gekauft,einfüllen.Die marinierten Brombeeren darauf verteilen. Mit zurückgelegten Beeren und
1/10 l süßer Sahne	steif geschlagen,garnieren.

Birnen in Brombeerweinsoße 4 Pers.

	Nüsse vorbereiten:
6 große Walnüsse	halbieren,
1 EL Butter	und
1 EL Rohzucker	bräunen,die Nüsse darin wenden und auf einem Teller auskühlen lassen.
4 Williams Birnen	halbiert,gedünstet oder
8 Birnenhälften	(aus der Dose),gedünstet,in 4 Schalen verteilen.Mit
Brombeerweinsoße	begießen und mit den
Nüssen	garnieren.

Brombeerweinsoße

500 g Brombeeren	mit
100 g Zucker	bestreuen,auf kleiner Hitzeeinstellung erwärmen bis die Beeren weich sind.
1 TL Zitronensaft	und
1/4 l schweren Rotwein	zufügen,gut vermischen und durch ein feines Sieb streichen. Nochmals erwärmen,ohne zu kochen.

Veilchen-Sülze

1/4 l Wasser	mit
100 g Zucker	stark aufkochen,von
3 Sträußel Veilchen	die Blüten abzupfen,in ein Glas- oder Porzellangefäß mit Deckel geben.Den heißen Sirup darübergießen,zugedeckt mindestens 1 Std. ziehen lassen.
6 Blatt Gelatine	in kaltem Wasser einweichen.
1/4 l milden Rotwein	erwärmen,nicht kochen,die Gelatine gut ausgedrückt darin auflösen.Durchgesiebten Veilchensirup zugeben,in eine Sturzform füllen.3 Std. kaltstellen.Mit echten
Veilchenblüten	(die ja eßbar sind) und etwas
Schlagsahne	garnieren.

Brombeer-Vanillebecher 4 Pers.

Brombeersoße	bereiten und warmhalten bis das Eis verteilt ist.Dazu
500 g Brombeeren	waschen,abtropfen lassen,
1/8 l Wasser	mit
80 g Zucker	oder
Honig	gut aufkochen lassen,etwas abgekühlt die Brombeeren hineingeben,weichdünsten, durchpassieren und nach Belieben mit
3 EL Brombeerlikör	abschmecken.
* Oma`s Vanille - Eis	selbstgemacht Seite 103,auf 4 Schalen verteilen,3 Kugeln pro Person.Soße heiß über das Eis geben.Mit
frischen Brombeeren	
Schlagsahne	und
Pistazien	garnieren.Kleines Gebäck dazureichen.

Rotweinbirnen 4-5 Pers.

	Ein feuerfester Kochtopf von ca. 20 cm ø wird mit
1/2 l Rotwein	gefüllt.Die unbehandelte Schale von
1/2 Zitrone	
1 kleine Zimtstange	
2 Nelken	und
5 EL Zucker	zufügen und alles gut aufkochen. Dann die Gewürze herausfischen.
6-8 Tafelbirnen	(feine Sorte z.B. Williams Christ-Birne wählen,ohne Kernchen),schälen, Stiel belassen,mit Stiel nach oben in den Wein setzen.Nach Bedarf noch
Rotwein	aufgießen,so daß die Birnen bis obenhin bedeckt sind.Zugedeckt bei gelinder Hitze gerade weich kochen. Bedeckt auskühlen lassen.Zu den Rotweinbirnen kann man separat eine kleine Schale mit
1/8 l süßer Sahne	steif geschlagen,servieren.Dazu
1 EL Williams Birngeist	und
1 EL Vanillezucker	zufügen. Muß nicht sein, nur für große Schleckermäuler.

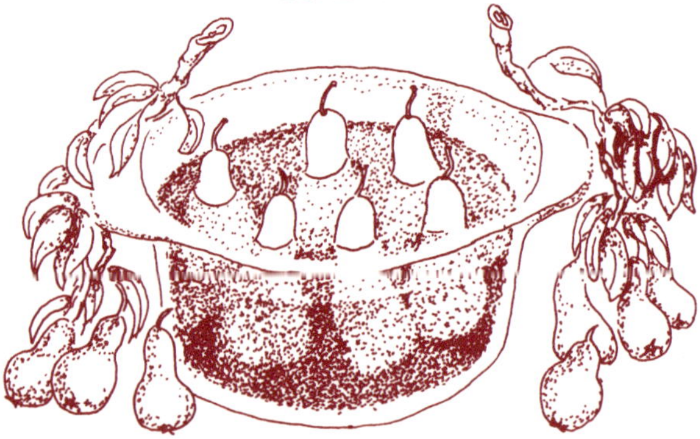

Stachelbeer-Quark-Becher

300 g grüne Stachelbeeren — Stiel und Blüte entfernen,waschen, mit Nadel anstechen.

1/4 l Weißwein (herb)
80 g Zucker — und
1 Stück Zitronenschale — einer unbehandelten Frucht,aufkochen lassen,Hitze reduzieren, Beeren einlegen und weichdünsten. 2 EL Beeren zum Garnieren beiseite legen.Übrige Beeren herausnehmen. Saft fest einkochen lassen bis er dicklich ist.Durchsieben.

500 g Quark
2 EL Crême fraîche
2 Eigelb
40 g Zucker
1 EL echten Vanillezucker — und den Saft gut verrühren. Stachelbeeren locker untermischen. In 4 Kelche füllen,mit den zurückgelegten Beeren garnieren und mit
8 Hohlhippen — selbstgemacht oder gekauft, servieren.

Foto:

Stachelbeer-Quarkbecher links

Rhabarber-Stachelbeerbecher rechts

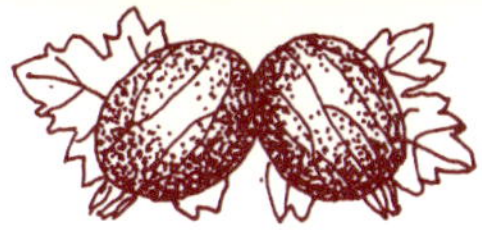

Rhabarber-Stachelbeer-Becher 4-5 Pers.

500 g Rhabarber	schälen,wenn nötig Stangen halbieren,in 5 cm Stückchen schneiden.Mit
130 g Zucker	und
1 EL Vanillezucker	
1/8 l Weißwein	vermischen,durchziehen lassen,dann auf kleinem Feuer vorsichtig dünsten,so daß die Stückchen gerade weich sind. Rhabarber auf 4-5 Glaskelche verteilen. In dem Saft werden
125 g Stachelbeeren	unter Zugabe von weiteren
50 g Zucker	weichgedünstet und zum Garnieren beiseite gelegt.
1 TL Stärkemehl	mit wenig Wasser anrühren,im Saft aufkochen bis dieser dicklich ist.Über die Stachelbeerstückchen geben,kühlstellen. Inzwischen
5 EL Haselnüsse	leicht geröstet und gehackt mit
175 g Crêmc fraîche	vermischen,
1 EL Vanillezucker	zufügen.
1/8 l süße Sahne	steif schlagen,locker unterheben. Mit den Stachelbeeren garnieren.

Stachelbeer-Kompott

500 g grüne Stachelbeeren waschen,Blüten und Stiel abtrennen. Mit Nadeln einstechen,damit sie nicht platzen.Inzwischen

1/4 l Wasser mit
100 g Zucker oder Honig * und
ein Stück Zitronenschale sowie
1 Prise Ingwer gut aufkochen.Die Beeren in den etwas abgekühlten Sirup geben. Leicht köcheln lassen bis sie gerade weich sind.Herausnehmen,Soße kurz einkochen lassen,über die Früchte gießen.Bei der Verwendung von Honig * diesen erst am Schluß zufügen.Nicht kochen !

Stachelbeer-Sahne 3-4 Personen

300 g grüne Stachelbeeren waschen,von Blüte und Stiel befreien.
1/8 l Wasser mit
80 g Rohr-Zucker aufkochen oder nur Wasser alleine aufkochen und nach dem Kochen etwas
Honig nach Geschmack zufügen.
Die Stachelbeeren in die heiße Flüssigkeit geben und bei kleiner Hitze ziehen lassen bis sie weich sind,dann durch ein Sieb streichen. Kühlstellen.

1/8 l süße Sahne steif geschlagen,unterziehen. Nochmals kühlstellen.

Rhabarber-Kompott

1000 g Rhabarber	Stangen dünn schälen (vom Blatt aus), je nach Stärke der Stangen halbieren und in ca. 5 cm Stücke schneiden.Kurz überbrausen.In einen feuerfesten Glas- oder Porzellantopf geben (jedenfalls kein Aluminium),mit dem Saft von
1 Zitrone	begießen,
3 EL Waldhonig	oder nach Belieben
180 g Zucker	untermischen,zudecken.Über Nacht,zumindest aber einige Stunden ziehen lassen. Dann im eigenen Saft vorsichtig dünsten, damit die Stücke noch erhalten bleiben.

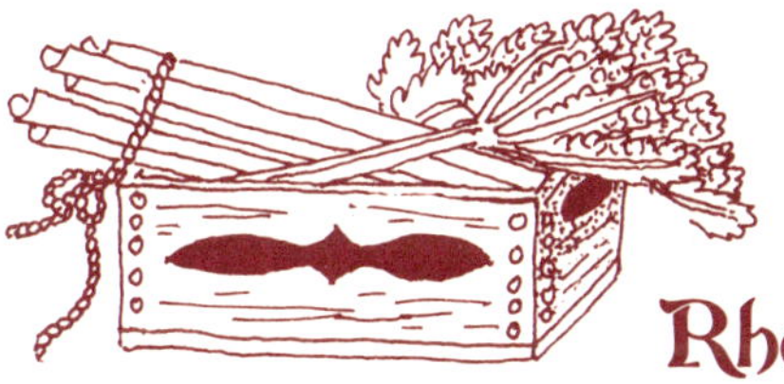

Rhabarber-Erdbeer-Sabayon

	Von obigem Rezept Rhabarber-Kompott aus
750 g Rhabarber	herstellen,Saft ablaufen lassen,Fruchtstücke auf Schalen verteilen,
200 g Walderdbeeren	daraufgeben.Zudecken.
4 Eigelb	in einen feuerfesten Topf geben,mit
80 g Zucker	im Wasserbad sehr schaumig schlagen.
0,2 l Chablis oder herben Weißwein	fest unterschlagen bis die Masse dicklich wird.Sofort über die Früchte geben und warm auftragen.

Verschneite Weintrauben

1 Obstkuchenboden	Rezept Ellen`s Obstboden Seite 186, vorbereiten.
750 g grüne Trauben	enthäuten.Den gebackenen Boden mit der Gabel einstechen,mit
5 EL Arrak	beträufeln.Mit
3 EL Marmelade	bestreichen.Die Trauben darauf verteilen.Mit
*5 EL Mandeln	geschält und gerieben,überstreuen.
4 Eiweiß	mit
120 g Zucker	zu steifem Schnee schlagen,auf die Weintrauben dressieren.Mit
Puderzucker	besieben und bei 250° überbräunen.

Rhabarber-Törtchen

Mürbteigtörtchen	Rezept Seite 186,herstellen.Mit
Rhabarbermarmelade	Seite 143,bestreichen.
500 g Rhabarber	schälen,in kleine Stücke schneiden, mit
Zitronensaft	beträufeln.Mit
150 g Zucker	nicht zu weich dämpfen.Ausgekühlt in die Förmchen füllen.
150 g Rohmarzipan	
50 g Puderzucker	
1 Eigelb	miteinander vermischen.Mit nicht zu kleiner Spritztülle ein Gitter auf die Törtchen spritzen.Bei starker Oberhitze kurz überbacken.

Ingwer Äpfel

4 Pers.

8 Äpfel	nicht zu groß, schälen, Kernhaus ausstechen, mit folgender Füllung in eine feuerfeste Form setzen. Die Füllung:
150 g Rohmarzipan	mit
50 g Puderzucker	verkneten,
30 g kandierten Ingwer	in kleinste Stiftchen schneiden, daruntermischen ohne zu kneten. Die Äpfel damit füllen. In der Form, in
1/4 l Weißwein	im Backrohr bei 200° weich, aber nicht zu weich, garen. Die Äpfel sollten nicht zerfallen. Heiß servieren !

Charlottes Bratäpfel

3-4 Pers.

4-6 säuerliche Äpfel	waschen, Kernhaus ausstechen, pro Apfel
1/2 TL Butter	mit
1 EL Himbeermarmelade	verrühren, füllen, in eine mit
20 g Butter	bestrichene feuerfeste Form setzen, mit
* 30 g Haselnüsse	gerieben, sowie mit
1 EL Rohzucker	bestreuen,
4 EL Himbeergeist	darüberspritzen und im Backrohr bei 200° in ca. 30-40 Min. braten. Garzeit richtet sich nach der Apfelsorte.

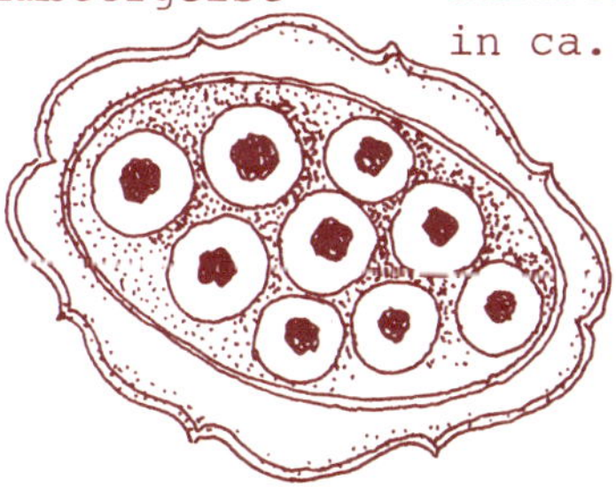

Unsere Bratäpfel

6 Äpfel	mittelgroß,waschen,ungeschält,mit Apfelausstecher vom Kernhaus befreien. Füllung richten:
2 EL Sultaninen	lauwarm waschen,abtrocknen,mit
2 EL Walnüssen	geviertelt,
1 EL Zitronat	feingehackt,
1 EL Orangeat	ebenso,vermischen.Äpfel damit füllen. In eine feuerfeste Form von 22 cm ø
50 g Butter	und
1/4 l Weißwein	geben,Äpfel hineinsetzen.Backrohr vorheizen E 230°,Gas Stufe 4-5.Äpfel ca. 25 Min. je nach Apfelsorte,braten.Sofort in der Form servieren.Nach Belieben kann man 10 Min. vor beendeter Garzeit eine Schneehaube Seite 171 auf die Äpfel setzen.

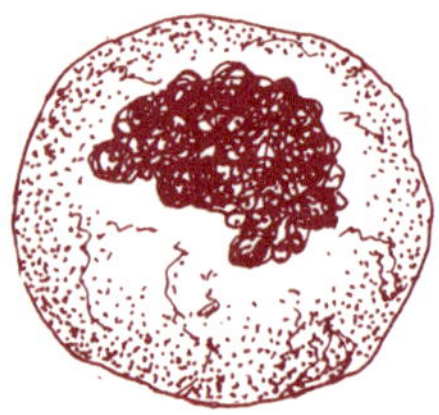

Rohes Apfelmus

1 Joghurt natur	in eine größere Schüssel geben.
5 EL Rohzucker	und die Schale von
1/2 Zitrone	einer Naturfrucht,gerieben,sowie Saft von
1/2 Zitrone	darübergeben,alles mischen.
600 g Äpfel	gut waschen,Kernhaus ausstechen,dann sofort ungeschält in die Mischung raffeln. Immer wieder umrühren,damit sich die Äpfel nicht verfärben.
0,10 l süßen Rahm	steif schlagen,unterheben und
50 g Walnüsse	gehackt,untermischen.Sofort servieren !

Uromas Apfelbrei

1500 g Äpfel	es dürfen kleine sein,Cox-orange oder andere Reinetten sind besonders gut.Die Äpfel gründlich waschen,Stiel entfernen, ungeschält vierteln.Das Kernhaus bleibt drinnen,denn gerade die Kernchen vermitteln den einzigartigen guten Geschmack. Mit
1/2 Naturzitrone	in Stücke geschnitten und
1/2 Zimtstange	werden die Apfelviertel in
1 Tasse Wasser	weichgekocht,durch ein Haarsieb passiert und erst am Schluß nach Belieben gesüßt. Schmeckt am besten lauwarm.

Evi s Apfelcreme

	Backröhre auf 230° vorheizen.
8 saure Äpfel	auf ein Backblech setzen und im Rohr weich braten.Dann durch ein Sieb passieren.
1 EL Vanillezucker	unterrühren,auskühlen lassen.
1/8 l süße Sahne	steif schlagen,unterheben.In Schälchen füllen,mit
je 1 kandierten Walnuß	garnieren. Fertig !

Münchner Apfelstrudel

8 Pers.

Strudelteig Grundrezept Seite 185 herstellen. Während der Strudelteig ruht, kann die Füllung vorbereitet werden.

1500 g Äpfel	schälen, feinblättrig schneiden,
160 g Weinbeeren	oder
Sultaninen	mit
5 EL Rum	beträufeln. Den ausgezogenen Strudelteig mit zerlassener Butter, insgesamt
60 g Butter	bepinseln. Insgesamt
1/4 l dicken Sauerrahm	in Portionen, darauf verteilen. Mit den Äpfeln gleichmäßig belegen bis 2 cm zum Rand hin, die Weinbeeren sowie
Zimt	und
Zucker	daraufstreuen. Die Ränder werden nun ringsum eingeschlagen und der Strudel mit Hilfe des Tuches aufgerollt und mit der Nahtseite nach unten in die gut gebutterte Bratraine gelegt. Fleißig mit Butter bepinselt wird der Strudel bei 250° auf der mittleren Einschubleiste knusprig gebacken.
3/8 l Milch	zum Kochen bringen und über den Strudel gießen, einziehen lassen. Mit
Puderzucker	bestäubt, auftragen.

Tante Evas Äpfelstrudel

	Blätterteig von
250 g Mehl	Seite 187,herstellen oder
1 Paket Tiefkühlblätterteig	verwenden.
1500 g saure Äpfel	waschen,vom Kernhaus,Stiel und Blüte befreien,auf Gurkenhobel zu dünnen Scheibchen schneiden,die gleich mit
Zitronensaft	beträufelt werden,damit sie nicht anlaufen.1 Teigportion auf bemehltem Tuch dünn ausrollen,mit
Öl	bestreichen und pro Strudel
4 EL Semmelbrösel	daraufstreuen. 1/4 der Äpfel verteilen.Nach Belieben mit
Rohzucker	bestreuen. Erst Teigränder 2 cm breit einschlagen,dann mit Hilfe des Tuches zusammenrollen.Auf ein geöltes Blech so legen,daß der Umschlag nach unten kommt.

Oberfläche mit Öl bepinseln,die übrigen Strudel ebenso bereiten. Bei 200°-220° auf mittlerer Einschubleiste 40 Min. braun backen. Strudel mit Puderzucker bestreuen, heiß oder kalt servieren.

Apfelküchel

4 Personen

180 g Mehl	in größeren Becher sieben,dazu
1 TL Zucker	
1 Msp. Salz	
1 EL Öl	
1/4 l Weizenbier	oder
Helles Bier	langsam mit dem Schneebesen einrühren, (nicht schlagen !) gerade so,daß der Teig glatt ist.Zugedeckt ca. 2 Stunden stehen lassen.
3 große mürbe Äpfel	dünn schälen,Kernhaus ausstechen.In 1 cm dicke Ringe schneiden,mit
Zitronensaft	und
1 EL Rum	oder
Calvados	beträufeln,durchziehen lassen.In einer Pfanne,mindestens 4 cm hoch,
Pflanzenöl	erhitzen.Die Apfelringe mit einer Gabel in den Teig tauchen,in heißem Fett goldbraun ausbacken.Auf Küchencrepp zum Abtropfen legen und zum Warmhalten in das Backrohr bei 150° stellen,mit
Zucker und Zimt	bestreut,heiß servieren.

Calvados Äpfel

50 g Butter	mit
40 g Zucker	zu Karamel bräunen.Mit
1/8 l Calvados	ablöschen.
* 4 mürbe Äpfel	schälen,Kernhaus ausstechen,in 1-2 cm dicke Scheiben schneiden,in der Soße unter Wenden weich köcheln.(Die Äpfel dürfen aber nicht musig werden.) Nach Belieben mit
Zimt	überpudern.In vorgewärmte Schalen geben. Entweder flüssige,geschlagene
süße Sahne	oder auch
Crême fraîche	dazureichen.

Äpfel in Weinsülze 4 Personen

500 g saure Äpfel	schälen,in 5 mm Scheiben schneiden,mit
Zitronensaft	beträufeln,damit sie weiß bleiben.
3/8 l Wein	mit
1/2 Naturzitrone	
1/2 Zimtstange	und
120 g Zucker	erhitzen bis der Zucker gelöst ist. Gewürze herausnehmen.Äpfel hineingeben, nicht zu weich dünsten,dann herausnehmen und in einer Glasschale ausbreiten.
8 Blatt Gelatine	5 Min. kalt einweichen,ausdrücken,in der heißen Weinsoße auflösen.Kalt stellen. Wenn die Soße zu stocken beginnt,über die Äpfel gießen.Mit feiner
Weinsoße	Seite 104,servieren.

Grüne Grütze

6 Personen

Rezept v. Hugo

700 g grüne Trauben	gut waschen und abzupfen,
4 Stangen Rhabarber	abziehen,in Stücke schneiden oder je nach Saison
500 g grüne Stachelbeeren	gewaschen,mit
120 g Zucker	und
ca. 1 l Wasser	stark einkochen lassen. Bei Verwendung von Rhabarber diesen erst in den letzten 10 Min. zufügen. Die Früchte in ein Sieb gießen, Rückstände etwas ausdrücken,wegwerfen.
1/4 l herben Weißwein	an den Fruchtsaft geben,mit
1/2 Zitrone	nachsäuern.Die Gesamtflüssigkeit sollte 1,2 Liter betragen.
14 Blatt Gelatine	5 Min. kalt einweichen,ausgedrückt in der noch heißen Flüssigkeit auflösen.In eine Glasschale füllen und 2 Stunden kühlstellen.Mit
4 Kiwis	geschält,in Scheiben geschnitten, garnieren.
1/4 l süße Sahne	nur leicht schlagen,
1/8 l Crême fraîche	daruntermischen,mit
Vanillezucker	fein abschmecken. Separat zur grünen "Grütze" servieren.

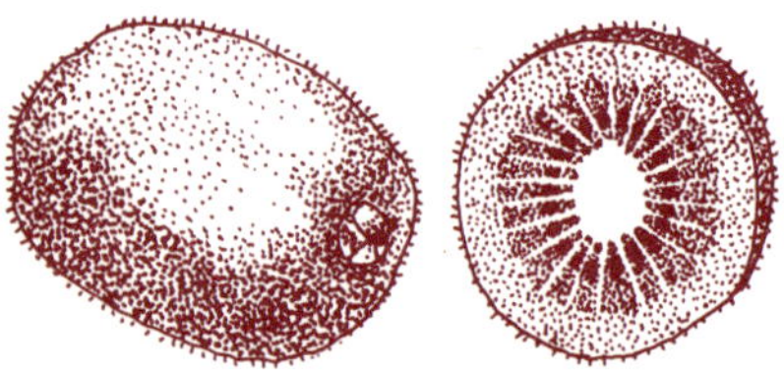

Kiwi (Actiuidia chinensis)

Chinesische Stachelbeere,schmeckt wie manch andere exotische Frucht am besten roh.Da sie außergewöhnlich Vitamin C-haltig ist,wäre es allein schon eine Sünde,sie zu erhitzen.
Sie besitzt außerdem ein Ferment,das die Zubereitung von Sülzen,die nur aus Kiwis bestehen,erheblich erschwert.
Kiwis bei Tisch einfach halbieren und auslöffeln.

Kiwi Schale 4 Personen

6 reife Kiwis	sehr dünn schälen,in 5 mm Scheibchen schneiden.Zugedeckt beiseite stellen.
1/4 l Wasser	mit
80 g Zucker	5 Min. brausend kochen,vom Feuer nehmen.
* 200 g Himbeeren	behutsam nach Angabe Seite 22 waschen und hineingeben,
1 TL Zitronensaft	und
1 EL Himbeergeist	zufügen.Alles mit dem Mixstab pürieren oder durch ein Sieb streichen.
Zitroneneis	hausgemacht Seite 179
4 große Kugeln	auf 4 Glasschalen verteilen,Himbeersoße darübergeben,die Kiwis herumlegen.

Sofort servieren !

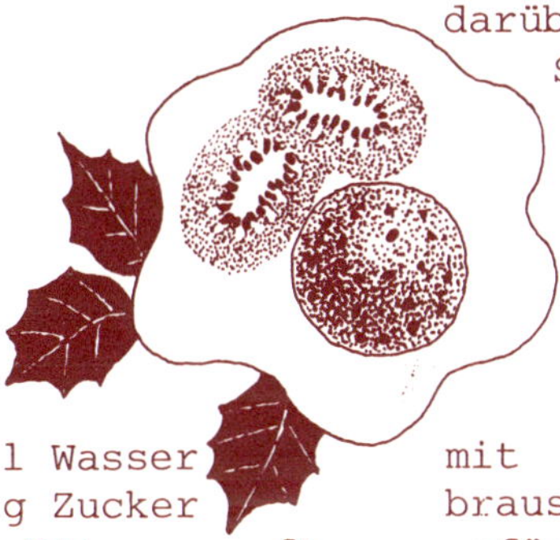

Kiwi-Eis

1/8 l Wasser	mit
120 g Zucker	brausend aufkochen,
1 TL Zitronensaft	zufügen.
5 Kiwis	dünn schälen,1 Kiwi zur Garnierung zurückbehalten.Die anderen Früchte gewürfelt in die erkaltete Zuckerlösung geben, mit dem Mixstab im Mixer pürieren oder durchpassieren.Im Gefrierfach anfrieren lassen.
1 Eiweiß	nur leicht schlagen,unterziehen und erneut eingefrieren.Das Eis kann auch in einer Eismaschine gerührt werden.Mit Eisportionierer in Glasschalen füllen, mit der in Scheiben geschnittenen Kiwi garnieren.

Foto Seite 52

Pistazien à la Charlotte

3-4 Pers.

100 g Pistazien	geschält und trocken in
1 EL Butter	mit
1 EL Zucker	in einer Pfanne karamelisieren, ausgekühlt nicht zu fein durchmahlen.
1/4 l süße Sahne	steif schlagen, mit
2 EL Kirschwasser	verfeinern und die Pistazien locker unterheben. In Gläser füllen. Kurz kühlstellen. Vor dem Servieren mit
je 1 Cocktailkirsche	und
ganzen Pistazien	garnieren. Ein exquisites Dessert !

Avocado-Creme (Persea americana Mill.)

sehr nahrhafte Frucht, bei der Portionierung berücksichtigen.

2 Avocados	lauwarm waschen, halbieren, die Kerne entfernen. Fruchtfleisch herauslöffeln und pürieren. Saft von
1/2 Zitrone	
2 EL weißen Rum	und
2 EL Zucker	verrühren, unter das Püré geben.
0,10 l süße Sahne	nicht zu steif schlagen, locker unterheben, in die leeren Schalen einfüllen. Kurz kühlstellen. Mit
je 1 Kirsche	und
je 1 kandierten Limonenscheibe	garniert, servieren.

Reineclauden in Geist

1000 g Reineclauden	waschen,gut abtrocknen,wie Stachelbeeren Seite 130 einstechen,in ein trockenes,gut verschließbares Glas legen.
800 g Zucker	mit
1/8 l Wasser	auf dem Feuer auflösen,2 zerhackte Reineclaudenkerne oder
2 bittere Mandeln	zugeben,erkalten lassen.Durchsieben, mit
0,75 l weißen Rum 54 %	mischen,diese Mischung über die Früchte geben.Gut verschlossen kühl und am besten dunkel lagern.

Rhabarber-Marmelade

diese Marmelade ist sehr fein als Überzug von verschiedenen Früchten wie Erdbeeren,Bananen etc. sowie zum Bestreichen der Obstböden.

750 g Rhabarber	mit
500 g Zucker	und dem Saft von
1 Zitrone	und der Schale
1 Naturorange	feinstnudelig geschnitten,zugedeckt ziehen lassen.Dann brausend offen kochen bis die Flüssigkeit fast verbraucht ist.
1 Orange	geschält,in hauchdünne Scheiben schneiden,diese nochmals achteln und mit
250 g Zucker	zufügen.3 Minuten brausend kochen lassen.In trockene Schraubgläser füllen.

Feigen (Ficus carica L.)

werden in grünen, weißen und violetten Variationen angeboten. Alle Sorten kommen am besten frisch und leicht gekühlt auf den Tisch. Entweder die Feigen halbieren, Schnittseiten mit Zitronensaft beträufeln oder die Feigen schälen, in nicht zu dünne Scheiben aufschneiden und Limonensaft darüberspritzen. Zitronen- oder Limonensaft hebt den Geschmack der Feige beträchtlich und verleiht ihr eine angenehme Frische. *

Vermicelles

	Backröhre auf 250° vorheizen.
500 g Maronen	auf der gewölbten Seite einschneiden, auf einem Backblech rösten bis man sie schälen kann.Dann 5-8 Min. in kochendes Wasser legen,dann löst sich die innere braune Haut leicht ab.
1/2 l Milch	mit
80 g Zucker	
1 Vanillestange	und
1 Msp. Salz	zum Kochen aufstellen. Maronen einfüllen,30 Min. kochen lassen.Mit Mixstab pürrieren oder durch ein Sieb streichen.
80 g Butter	und
60 g Zucker	unter die heiße Masse geben,
1 EL Kirschwasser	zufügen.Erkalten lassen. Masse durch Kartoffelpresse oder Fleischmaschine geben,um die typischen Würmchen zu erhalten. Kaltstellen. In Dessert-Schalen oder in Baisers Seite 183 füllen und mit einem Kränzchen aus
1/8 l süßer Sahne	steif geschlagen,garnieren.

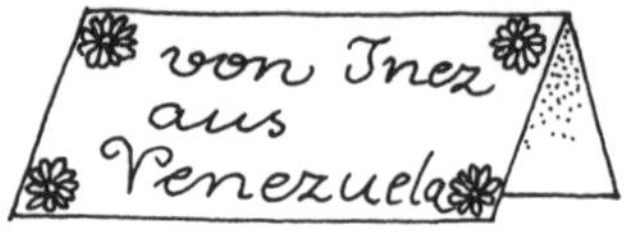

Echter Flan 4-6 Pers.

2 EL Zucker	in einem konischen Stielpfännchen oder Topf nicht zu dunkel bräunen.Unter Drehen die Wände mit dem braunen Zucker benetzen und kaltstellen.
4 ganze Eier	mit
180 g Zucker	schaumig schlagen,
1 Vanillezucker	und
* 1/2 l Milch	gekocht,lauwarm dazugeben.In den vorbereiteten Topf füllen und im Wasserbad 1/2 Std. stocken lassen.Wasser darf nicht sprudeln,sonst wird der Flan großporig. Zuletzt noch in die Backröhre geben,damit auch die Oberfläche stockt.Nach dem Erkalten stürzen.

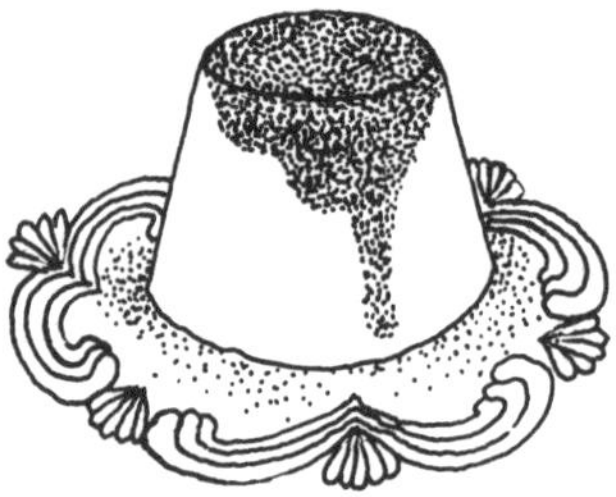

Karamel-Creme 4-5 Pers.

50 g Zucker	in einem Pfännchen bräunen,mit
4-5 EL Wasser	ablöschen.Inzwischen
1/4 l Milch	erhitzen,Karamel hineingeben.
3 Eigelb	mit
50 g Zucker	schaumig rühren,die heiße Karamelmilch unter Rühren zugeben.Auf`s Feuer zurückstellen bis die Masse dicklich wird.
4 Blatt Gelatine	in kaltem Wasser 5 Min. einweichen,gut ausdrücken,in der heißen Milch auflösen.
3 kalte Eiweiß	zu steifem Schnee geschlagen,an die warme Creme geben.In Gläser oder Glasschalen einfüllen und kaltstellen.Will man Sahne verwenden,Eischnee weglassen, wenn die Creme zu stocken beginnt,
0,2 l süße Sahne	steif geschlagen,unterheben. In einer Glasschale erkalten lassen. Sehr fein !

Karamel-Eis

3/8 l süße Sahne	
3/8 l Milch	zusammen erwärmen.In einem Pfännchen bräunen,(nicht zu dunkel,sonst wird der Karamelgeschmack bitter),erst mit einem Teil des Milch-Sahnegemisches auflösen, dann hineingießen.
6 Eigelb	mit
150 g Zucker	schaumig rühren,mit der Karamelmilch langsam aufgießen und auf geringer Hitze schlagen bis die Masse dicklich wird.Nicht kochen lassen ! Erkaltet in einen Eisbereiter füllen oder in einer geschlossenen Schüssel im Tiefkühlfach unter gelegentlichem Umrühren -damit alle gefrosteten Kristalle in die Masse kommen-,fertig gefrieren lassen,ca. 2-3 Stunden.Mit
1/8 l Schlagsahne	garnieren,nach Belieben mit
Karamel	übergießen,dazu:
50 g Zucker	in einem Pfännchen bräunen,mit
5 EL Wasser	auflösen.

Haselnußbecher

100 g Haselnüsse	mit
80 g Zucker	in einer Pfanne rösten,
30 g Schokolade	gerieben,an die heißen Nüsse geben. Nach dem Erkalten fein reiben.
3/8 l Sahne	steif schlagen,mit den Nüssen vermischen,in die Becher füllen, gut kühlen.

Schokoladensoufflé

4 Pers.

	1 Auflaufform 2 Liter fassend gut ausbuttern und mit
* 2 EL Mandeln	gerieben,ausstreuen.
1 Orange	mit unbehandelter Schale,hauchdünn abschälen (ohne weiße Haut),dann feinstnudelig schneiden,mit
2 EL Grand Marnier	beträufeln und zudecken.
5 Eidotter	mit
50 g Zucker	und
2 EL Vanillezucker	auf Dampf schaumig schlagen,am besten mit Handrührgerät bis die Masse weißschaumig ist.
4 EL dunklen Kakao	und die Orangenschalen untermischen. Backrohr auf 230° vorheizen.
7 Eiweiß	zu sehr steifem Schnee schlagen,locker unter die Schaummasse heben.In die vorbereitete Form füllen.Mit einem Löffel eine schneckenförmige Furche ziehen, leicht mit
Puderzucker	bestäuben und auf der 2. Rille von unten im Backrohr 10 Min. hochgehenlassen.Hitze auf 200° reduzieren und in weiteren 15 Min. fertigbacken.Das Soufflé sofort zu Tisch geben,
1/4 l süße Sahne	nicht zu steif schlagen,mit
1 EL Grand Marnier	parfümieren,in einem Schälchen zum luftigen Schokosoufflé reichen.

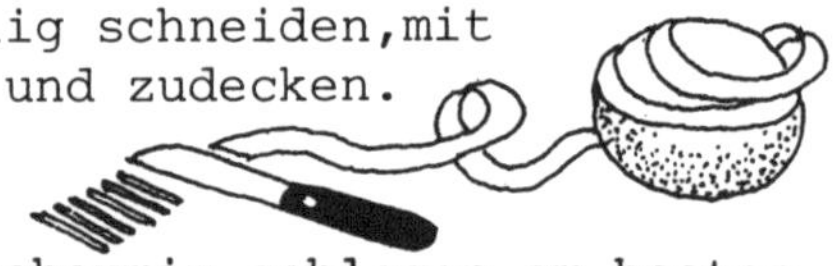

Sehr fein !!!

Tante Hertas Schokoroulade für 6-8 Personen

6 Eigelb	mit
125 g Zucker	sehr schaumig rühren,
3 EL dunklen Kakao	untermischen,
6 Eiweiß	
1 Prise Salz	zu steifem Schnee schlagen, locker unter die Eimasse heben. Backblech mit Pergamentpapier belegen und dick mit
40-50 g Butter	bestreichen, Schaummasse gleichmäßig verteilen, bei 225° auf der mittleren Einschubleiste 12-15 Min. backen, dann auf ein feuchtes Tuch stürzen, Papier abziehen. Wenn erkaltet,
3/8 l süße Sahne	steifgeschlagen daraufstreichen, zusammenrollen und mit folgendem Schokoladenguß bestreichen:
2 EL Puderzucker	
30 g Butter	und
1 EL Kakao	mit
2 EL heißem Wasser	verrühren.

Variation:
200 g Walderdbeeren unter die Sahne heben.
Sehr fein!!!
Einen Tag vorher gebacken und in den Kühlschrank gestellt, zieht sie besonders gut durch.

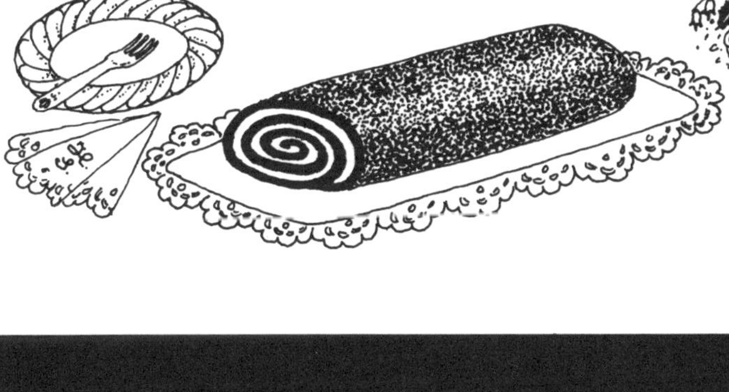

St. Moritz Torte

	Eine Springform von 26 cm ø gut einfetten.
6 Eigelb	mit
180 g Zucker	schaumig rühren.
* 100 g Bitterschokolade	gerieben,einrühren und
* 180 g Haselnüsse	gemahlen,daruntermengen,
1 EL Kirschwasser	zufügen,mit
6 Eiweiß	sehr steif schlagen,
1/2 TL Zitronensaft	unter die Masse heben und die lockere Mischung in die vorbereitete Form füllen.Bei 180° (Gas Stufe 2) auf der 1. Einschubleiste ca. 30 Min. backen. nach dem Erkalten
1/4 l süße Sahne	steif schlagen,die Torte ringsum damit einhüllen.Mit
Cocktail-Kirschen	oder
Rumfrüchten	abgetropft,und mit
Pistazien	garnieren.Nach Belieben Rumfrüchte dazureichen.

Mohr im Hemd

	Eine Puddingform mit Deckel fest mit
30 g Butter	bestreichen,Zapfen nicht vergessen ! und mit
Semmelbrösel	ausstreuen.Backröhre auf 200° vorheizen.Einen hohen Topf mit
Wasser	zum Kochen aufstellen.
80 g Butter	in einer Schüssel mit
105 g Zucker	und
6 Eidottern	sehr schaumig rühren.
* 110 g Haselnüsse	leicht angeröstet und gerieben,
* 60 g Bitterschokolade	ebenfalls gerieben,unterrühren.Von
6 Eiweiß	steifen Schnee schlagen,locker unterheben.Masse in vorbereitete Form füllen,gut schließen,in das Wasserbad stellen,das nur 3 fingerbreit unter den Deckel reichen darf.Im Backrohr 60 Min. leise köcheln lassen,auf dem Herd 75 Min.Aus dem Wasserbad nehmen, etwas stehen lassen,Deckel öffnen zum Abdampfen.Inzwischen
3/8 l süße Sahne	steif schlagen;Pudding stürzen, mit der Sahne beziehen.

Tassencreme

100 g Kaffee	röstfrisch gemahlen,in eine feuerfeste Schüssel geben.
1 l süße Sahne	und
1/2 l Milch	aufkochen,darübergießen,zugedeckt ziehen lassen bis erkaltet.
4 Eigelb	mit
100 g Zucker	schaumig rühren,abgesiebte Kaffeesahne unterschlagen.6-8 Tassen 3/4 voll füllen, in einen breiten Topf setzen,bis 3 cm unter den Rand kochend heißes Wasser füllen.Tassen mit Alufolie bedecken, Masse im Backrohr bei 180° fest werden und dann erkalten lassen.
1/10 l Sahne	steif schlagen,auf jede Tasse einen Tupfer spritzen,
je 1 Mokkabohne	zur Garnierung darauflegen.

Foto:

Tassencreme

von Lotti Schröder

Soufflé au chocolat glacé 4-6 Pers.

60 g Bitterschokolade	grob geraffelt im Wasserbad schmelzen. Im Sommer einfach in die Sonne stellen.
3 ganze Eier	mit
50 g Zucker	schaumig rühren,
3 EL Grand Marnier	zugeben, sowie die weiche, aber nicht mehr warme Schokolade.
0,3 l süße Sahne	steif schlagen und unterziehen. 4-6 kleine Auflaufförmchen mit einer gebutterten Manchette umgeben. Masse einfüllen. Die Förmchen sofort ins Gefrierfach stellen bis die Masse fest ist. Vor dem Servieren die Manschette entfernen, mit einem Melonenausstecher eine kleine Kugel in der Mitte herauslösen und in die Vertiefung
je 1 EL Grand Marnier	einfüllen, Kugel daraufsetzen und gleich servieren.

Kaffee-Creme 4 Personen

	1 Schüssel mit
	in das Gefrierfach stellen.
3 EL Milch	in das Gefrierfach stellen.
3 Eigelb	mit
60 g Puderzucker	dickschaumig rühren.
1 EL Pulverkaffee	in
2 EL Milch	lösen,kalt unter Rühren zugeben.
	Schüssel aus dem Gefrierfach nehmen.
3/8 l süße Sahne	sehr kalt hineingeben,steif schlagen und zur Eigelbmasse geben.Nur locker vermischen.In hübsche Gläser füllen und gleich servieren.
	* Schnell zubereitet und ausgezeichnet. * Kleines Gebäck dazureichen.

Mokka-Schaumcreme

1 ganzes Ei	
4 Eidotter	
80 g Zucker	im Wasserbad hellschaumig schlagen. Wasser darf nicht sprudelnd kochen.
* 3 EL Mokka	sehr stark aufgebrüht und erkaltet, werden esslöffelweise untergeschlagen bis die Masse dicklich ist.Sofort in vorgewärmte Becher füllen und servieren.

Choc or moc Creme

3 El Kaffee	feingemahlen,mit
1/8 l Wasser	kochend überbrühen,ziehenlassen, abgesiebt über
200 g Mokkaschokolade	und
100 g Bitterschokolade	zerbröckelt,gießen,umrühren bis aufgelöst.
2 EL Orangenalkohol	
1 EL dunklen Kakao	einrühren.
0,4 l süße Sahne	sehr steif schlagen,mit der Schokomasse vermischen.
150 g dünne Schokowaffelblättchen	zerbröckelt,unterheben.Masse in 4-6 Gläser verteilen.Mindestens 2 Std. kaltstellen.Mit
0,10 l Schlagsahne	steif geschlagen und mit
1 TL Orangenschalen	einer Bio-Orange,feinstnudelig geschnitten,hübsch garnieren.

Eiskaffee 6 Personen

1/2 l starken Kaffee	kaltstellen.6 hohe Gläser vorkühlen.
Je Glas 2-3 Kugeln Vanille Eis	selbstgemacht Seite 103 oder gekauft, hineingeben,mit dem Kaffee auffüllen.
* 1/4 l süße Sahne	steif schlagen,darauf verteilen.Mit
wenig Kakao	in der Mitte besieben, Waffeln und Hohlhippen dazureichen. Mit Strohhalmen und langen Löffeln sofort auftragen.

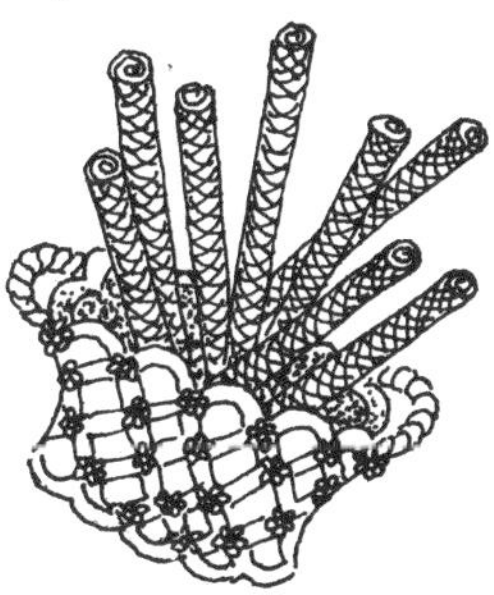

4 Personen Schoko-Creme

1/2 l süße Sahne	sehr steif schlagen,
500 g Schokoladensoße	(gutes Fabrikat) locker daruntermischen.
100 g dünne Waffelblättchen mit Schokoüberzug	zerbröckeln,unter die Sahne-Masse heben.In eine Form (18-20 cm ø und 8 cm hoch) füllen,mindestens 2 Stunden kaltstellen.*Ein feines Dessert mit wenig Zeitaufwand. *

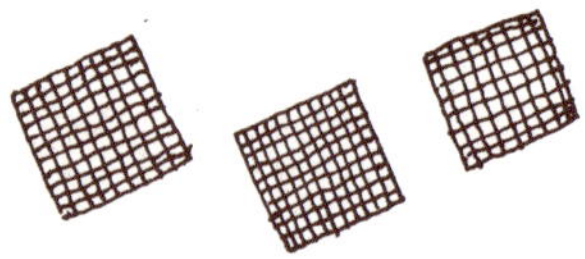

Karins Schokoladenschmaus

	Von
1/2 l Milch	4 EL abnehmen,mit
40 g Stärkemehl	
1 Prise Salz	und
20 g Kakao	zu Brei verrühren,Rest der Milch mit
40 g Zucker	
1 EL Vanillezucker	aufkochen,vom Feuer nehmen,Stärkemehl einrühren,unter Umrühren dick kochen.
3 EL Schokolade	gerieben,in den heißen Brei geben. Erkalten lassen,gelegentlich umrühren.
1/4 l süße Sahne	steif schlagen,unterziehen, 1-2 Stunden in den Kühlschrank stellen. Für große und kleine Kinder.

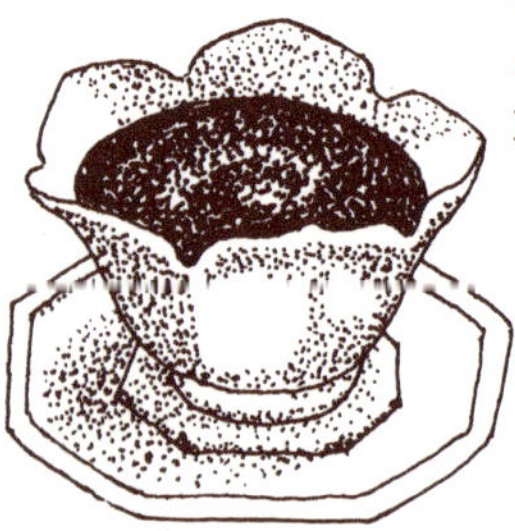

…’s Mousse au chocolat

	und
…de	im Wasserbad erwärmen.
	sehr steif schlagen,ebenso
	Schnee und Sahne mischen,vorsichtig unter die abgekühlte Schokolade heben.In einer Schale kühlstellen. Am besten 1-2 Tage ! Kann auch eingefroren werden.

Menas Schoggicreme

	mit
	sehr gut schaumig rühren.
	auf kleinster Hitze in zergehen lassen,durchrühren und erkaltet zur Eigelbmasse geben.
	geschlagen,unterheben.Kühlstellen.

…laden-Flammeri

	im Wasserbad schmelzen,
	mit
1 Prise Salz	
30 g Zucker	zum Kochen bringen.
70 g Stärkemehl	mit
4 EL Wasser	glattrühren,in die heiße Milch geben, durchrühren und nochmals aufkochen. Nach 2-3 Minuten
1 TL Butter	unterrühren.In kalt ausgespülte Förmchen geben.Mit Zucker überstreuen,damit sich keine Haut bildet.Nach dem Kaltstellen stürzen.
0,10 l Eierlikör	selbstgemacht Seite 105,mit
0,20 l süßer Sahne	leicht geschlagen,vermischen.Über den Flammeri gießen.Für Kinder statt Likör,Sahne oder Vanillesoße reichen.

Mokka-Creme

8 Blatt Gelatine	5 Min. in kaltem Wasser einweichen.
3 Eidotter	mit
40 g Zucker	sehr schaumig rühren.
* 3/8 l starken Mokka	aufbrühen,die ausgedrückte Gelatine darin auflösen.Die Schaummasse unter Schlagen zufügen,durchsieben und kühlstellen.Wenn die Creme gerade zu stocken beginnt,
3/8 l süße Sahne	steif schlagen und locker unterheben. In hübsche Tassen oder in eine Schale füllen und kaltstellen.Nach dem Festwerden mit
Schlagsahnetupfen	und
Schokomokkabohnen	garnieren.

Schoko-Halbgefrorenes 4-5 Pers.

3/4 l Sahne	steif schlagen,
4-5 EL Kakao	erst mit wenig davon glattrühren,dann unter die gesamte Menge mischen.
* 5 EL Mandelsplitter	leicht geröstet,unterziehen.In eine Kastenform füllen.Einfrieren,stürzen und in Scheiben schneiden.

Variation:

In eine Rundform füllen.Wenn halbfest gefroren,Kugel ausstechen,mit Eierlikör füllen,wieder schließen und erneut einfrieren.

Schokoladensoße Nr 1

3/8 l Milch	und
1/8 l süße Sahne	mit
5 Würfelzucker	erhitzen.
200 g Bitterschokolade	zerbröckelt,darin auflösen.
3 Eigelb	mit
2 EL süßer Sahne	kalt verrührt,mit der Sahne-Milch vermischen,bei kleinster Hitze nur leicht eindicken lassen. Während des Erkaltens öfter umrühren !

Schokoguß

200 g Edelbitter-schokolade	in ein feuerfestes Pfännchen geben,
2-3 EL warmes Wasser	zufügen und glattrühren,am besten im Wasserbad,da sich Schokolade leicht anlegt.
30 g Butter	und
1 EL süße Sahne	unter Schlagen einrühren,sofort das Gebäck damit beziehen.

Schokoladensoße Nr 2

130 g Zartbitter-schokolade	zerbröckeln,mit
130 g Zucker	und
1 EL Vanillezucker	im Wasserbad schmelzen.
2 Eidotter	mit
2 EL Rum	glattrühren,vorsichtig portionsweise
1 EL Sahne	in die weiche Schokomasse rühren.

Blancmanger

* 250 g süße Mandeln	
5 bittere Mandeln	überbrüht und abgezogen,werden in einem Mixer oder mit dem Mixstab unter Zugabe von
4 EL Milch	fein püriert.Inzwischen
1 l süße Sahne	mit
180 g Zucker	zum Kochen aufstellen,vor dem Kochpunkt das Mandelpüree überbrühen und zugedeckt 1 Std. ziehen lassen.Dann durch ein feines Sieb geben,Mandelrest mit wenig
Rosenwasser	übergießen und ausdrücken.
12 Blatt Gelatine	(weiß) 5 Min. in kaltem Wasser einweichen,ausdrücken,in
1/8 l heißer Milch	auflösen,in die Mandelsahne einrühren. Eine Flammerie-Form mit
Mandelöl	auspinseln,Masse einfüllen,ca. 2-3 Std. kühlstellen.Dann stürzen,Erdbeer- oder andere feine Fruchtsoße dazureichen.

Foto nebenan.

Variation: Statt 1 Liter Sahne nur 1/2 Liter Milch verwenden. 1/2 Liter süße Sahne vor dem Stocken der Mandelmilch, steif geschlagen,unterheben.

Foto:

Blanc manger,Mandelsulz

Meraner Schmankerlmus

140 g Mehl	in eine Schüssel sieben,
60 g Zucker	
1 EL Vanillezucker	
1 Msp. Zimt	mit
1/4 l Milch	glattrühren,
2 Eidotter	dazugeben.
40 g Butter	zerlassen,abgekühlt in den Teig rühren. Backrohr auf 200° vorheizen. Auf ein gut gefettetes Blech hauchdünn den Teig streichen.Goldbraun backen. Ausgekühlt zerbröckeln.
3/8 l süße Sahne	steif schlagen,8 EL von den Schmankerlbrösel darunterheben.Gut kühlen. Nach Belieben kann man das Schmankerl-Mus auch einfrieren und eine Fruchtsoße dazureichen.

Eine schnelle und sehr feine Nachspeise, wenn man Schmankerl in Reserve hat,die sich in gut verschließbaren Blechdosen längere Zeit frisch halten.

Schwedischer Apfelschaum 6-8 Pers.

1 Mürbteig	von 28 cm ⌀ Seite 186 backen,auskühlen lassen.Inzwischen
750 g säuerliche Äpfel	sehr dünn schälen,Kernhaus entfernen und achteln.In einem flachen Topf
1/8 l Weißwein	mit
2 Zitronenscheiben	einer unbehandelten Frucht und
2 EL Zucker	zum Kochen aufsetzen,Apfelstücke einlegen und weichdünsten.Größere Äpfelstücke zerkleinern,etwas Saft ablaufen lassen.Die Äpfel mit
3 EL Orangeat	sehr fein gewiegt und
4 EL Sultaninen	vermischen.Backherd auf Oberhitze einstellen,oder auf 220°-240°.
8 Eiweiß	mit
1 Msp. Salz	und
1 EL Zucker	sehr schaumig schlagen,
150 g Zucker	nach und nach unterschlagen bis die Masse glänzt und in Spitzen stehen bleibt.Die Äpfel auf den Boden geben. Den Schaum darüber verteilen.Spitzen hochziehen.Mit
Puderzucker	bestäuben und mit
Mandelblättchen	bestreut,im Backherd auf der obersten Schiene schön überbräunen.

Zuppa Romana

Zutaten:

1 Bisquittboden — 6 Personen

150 g Amarena-Kirschen in Sirup eingelegt

1/4 l Erchemes (verschnittener Rum)

1/2 l Vanillecreme

1/2 l süße Sahne

Zubereitung:

Tortenboden in zwei Scheiben schneiden.
Den unteren Teil davon mit Erchemes tränken,eine dicke Schicht Creme darüber geben und Amarena-Kirschen daraufgeben.Die andere Hälfte des Tortenbodens überlegen und nochmals mit Erchemes tränken.Die Torte leicht zusammenpressen und 30 Min. im Kühlschrank ruhen lassen.
1/2 l Sahne schlagen und bevor die Torte serviert wird, damit garnieren.

Creme:

1/2 l Milch

3 Eier

25 g Mehl (durchgesiebt)

1 Vanillestange

Scheibe von einer halben Zitrone

ca. 100 g Zucker

Zubereitung:

Vanillestange und Zitronenschale in der Milch kochen, Eier,Zucker und Mehl zusammen rühren.Milch durchsieben und dazugeben.Das alles über einem Wasserbad rühren bis es cremig wird.Kalt werden lassen.(Originalrezept)

Zuger Kirschtorte

Bisquitteig:

4 Eigelb	mit
3 EL heißem Wasser	
100 g Zucker	und
1 EL Vanillezucker	schaumig rühren.
75 g Stärkemehl	
50 g Weizenmehl	und
1 Backpulver	vermengen,gesiebt unter die Eigelbmasse geben und
1 Eiweiß	steif schlagen,unterziehen.Eine Springform (26 cm ø) mit Butterbrotpapier auslegen,gut einbuttern,Teig einfüllen und bei 200° backen.

Baisermasse:

6 Eiweiß	steif schlagen,
150 g Zucker	und
1 EL Vanillezucker	eßlöffelweise unterschlagen,
* 100 g Mandeln	ungeschält gerieben,locker zufügen.Gleichgroße vorbereitete Springform wie oben, aber ohne Rand,mit der Hälfte der Masse bestreichen.Bei 150° langsam hellgelb backen.Gegebenenfalls Backofentüre etwas geöffnet halten.Mit der anderen Hälfte des Teigs genauso verfahren.

Füllung:

	von
1/4 l Milch	4 EL abnehmen,mit
30 g Stärkemehl	glattrühren,dann den Rest der Milch mit
75 g Zucker	aufkochen,das angerührte Stärkemehl zufügen,zur Konsistenz eines Flammeries kochen.Unter Rühren abkühlen,
2 EL Kirschkonfitüre	zufügen.
150 g Butter	schaumig gerührt,an die erkaltete Masse.

Flüssigkeit zum Tränken:

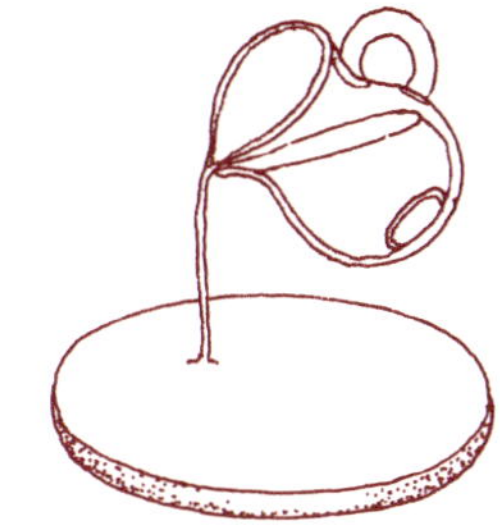

1/16 l Wasser	erhitzen,
60 g Zucker	darin auflösen,
1/8 l Kirschwasser	zum Schluß zufügen.

Fertigstellen der Torte:

ersten Baiserboden	auf eine Platte mit Tortendeckchen legen,mit
1/4 der Buttercreme	bestreichen,
1 Bisquittboden	daraufgeben,mit Flüssigkeit gleichmäßig tränken.
1/4 Buttercreme	daraufstreichen,
zweiten Baiserboden	auflegen,mit
1/4 Buttercreme	bestreichen,mit dem Rest der Creme den Rand glätten,mit
* 4 EL gehackten und gerösteten Mandeln	bestreuen.Kurz kühlstellen.Erst kurz vor dem Servieren die Torte obenauf dick mit gesiebtem
Puderzucker	bedecken.

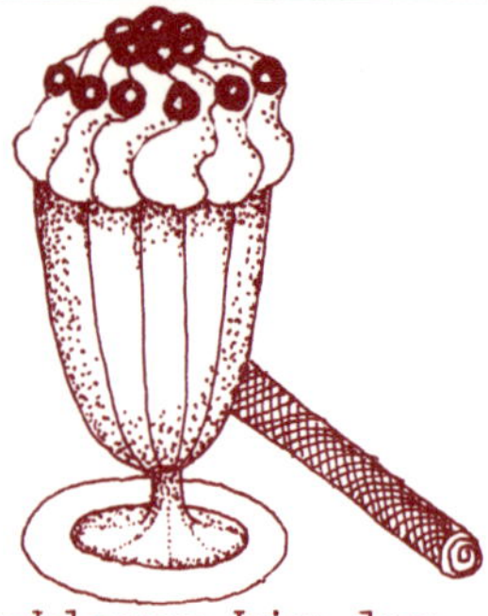

Maraschino-Creme

1/2 l süße Sahne	steif schlagen,
1 großes Eiweiß	mit
1 Prise Salz	schlagen,nach und nach
1 EL Vanillezucker	und
3 EL Zucker	einrieseln lassen,weiterschlagen bis der Schnee steif ist.Unter die Sahne heben. Mit
1/8 l Maraschino	abschmecken.In Gläser füllen mit
Angelika	in Streifen geschnitten
Maraschinokirschen	oder
Makronen	garniert,servieren.

Quark-Creme

4-5 Personen

375 g Magerquark	
1/8 l Joghurt	
2-3 EL Honig	fest verschlagen. Als Lockerungsmittel entweder
1/8 l süße Sahne	geschlagen,unterheben oder den Schnee von
2 Eiweiß	unterziehen.In 4-5 Becher
4 weiße Pfirsiche	oder
Birnen	geschält,in Stücke geschnitten,verteilen, nach Belieben mit
4 EL Grand Marnier	oder
Orangenalkohol	selbstgebraut Seite 105,begießen, den Quark darübergeben.
4-5 EL Mandelblättchen	leicht in
1 TL Butter	und
1 TL Honig	geröstet,daraufstreuen.Nur kurz kühlen ! Ohne Sahne und Alkohol wenig Kalorien. Mit jedem Obst herzustellen.

Böhmische Tellerspeise 2-3 Personen

250-300 g Himbeeren	nach Angabe waschen oder auftauen,falls Tiefkühlware verwendet wird,abtropfen lassen.
70 g Butter	(ein wenig davon darf gesalzene sein), mit
30 g Zucker	und
1 TL Vanillezucker	schaumig rühren.
2 Eidotter	zufügen,
100 g Mehl	gesiebt,untermengen.Die Masse auf einen dicken Porzellanteller oder in eine feuerfeste,flache,runde Form streichen,bei 200° hellbraun backen,mit den Früchten belegen.
2 Eiweiß	mit
1 TL Zucker	und
etwas Zitronensaft	steif schlagen,weitere
60 g Zucker	einrieseln lassen,schlagen bis die Masse glänzt,auf die Früchte geben,mit Gabel Spitzen hochziehen,mit
wenig Puderzucker	überstäuben und im Backrohr bei 250° Oberhitze überbräunen.
	* Schmeckt lauwarm am besten. *

Mandelpudding

4 Pers.

	Puddingform und Deckel mit
30-40 g Butter	gut einfetten und ausbröseln.
4 Eigelb	mit
70 g Zucker	und Saft
1 Naturzitrone	sowie Schale von
1 Naturzitrone	sehr feingerieben,ca. 10-15 Minuten schaumig rühren.
1 EL Arrak	
1 Msp. Zimt	
* 30 g Zitronat	feingehackt,
* 70 g Mandeln	geschält,gerieben und
20 g Semmelbrösel	einrühren.
4 Eiweiß	zu steifem Schnee geschlagen,darunterheben,in die vorbereitete Form füllen. Im Wasserbad,das nur bis 2 fingerbreit unter den Deckelrand reichen darf, 1 Std. köcheln lassen.Deckel abnehmen, Dampf entweichen lassen,dann stürzen und mit
Frucht- oder Weinsoße	Seite 104, servieren.

Mandelsoße

50 g Mandeln	gebrüht,geschält,in
2 EL Milch	mit Mixstab feinst pürieren,
0,2 l süße Sahne	zufügen,weiterschlagen.
Zucker	nach Geschmack beigeben.

Schneebällchen

4 Eiweiß	leicht anfrosten.
1 Vanillestange	aufschlitzen,Samen ausstreifen,in
1 l Milch	geben,aufkochen und erkalten lassen. Die kalten Eiweiß mit
1 Prise Salz	
1/2 TL Zitronensaft	steif schlagen,
120 g Zucker	zufügen,zu fester glänzender Konsistenz schlagen.Vanillemilch durchgesiebt zum Sieden bringen.Den Schnee mit 2 Teelöffel in die Milch einlegen.Bei kleiner Hitze zugedeckt garziehen lassen. Auf einem Sieb abtropfen lassen.
1/8 l süße Sahne	
4 Eidotter	
2 EL Vanillezucker	und
2 EL Zucker	
1 EL Stärkemehl	verrühren,in die heiße Milch geben, einmal aufkochen lassen.In eine feuerfeste Schüssel füllen,die Schneeballen daraufsetzen.Im vorgeheizten Backrohr bei stärkster Oberhitze überbräunen. Anschließend kaltstellen bis zum Auftragen.

Sahne-Reis 4 Pers.

130 g Voll-Reis	kalt waschen,mit kaltem Wasser zum Kochen bringen,abgießen.
1/2 l Milch	mit
1 Prise Salz	und der Schale von
1 Naturzitrone	aufkochen,Reis zugeben,zugedeckt garen. Muß körnig sein !
8 Blatt Gelatine	5 Min. in kaltem Wasser einweichen.Ausgedrückt an den Reis geben.
125 g Quark	mit
50 g Zucker	
2 EL Arrak	
2 Kompottpfirsichen	vermusen,zum Reis geben,wenn die Masse zu stocken beginnt.
0,2 l süße Sahne	unterziehen.In einer ausgespülten Ringform oder Schüssel sehr kalt stellen. Nach ca. 3 Std. stürzen.Mit
Sahne	und
Pfirsichen	garnieren.
Schokoladensoße	Seite 161 oder beliebige
Fruchtsoße	dazureichen.

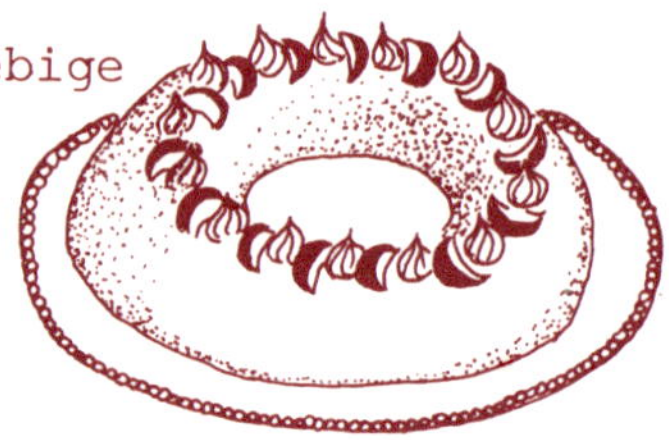

Pumpernickel-Sahne

3 Scheiben Pumpernickel	nicht zu frisch,werden fein verkrümelt und mit
3 EL Maraschino	getränkt.
3/8 l süße Sahne	steif schlagen,mit
1 EL Vanillezucker	und nach Belieben mit kleingeschnittenen, kandierten oder in Alkohol eingelegten Früchten vermischen.Vor dem Servieren 1 Std. kaltstellen.Pumpernickel-Sahne kann auch eingefroren werden.

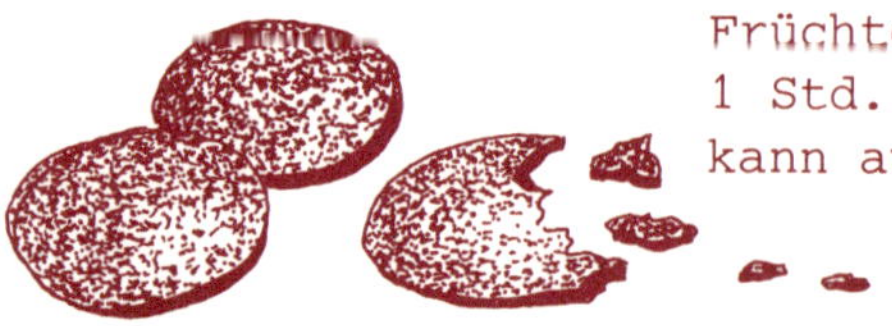

4-5 Pers.

von Hilde aus Würzburg

Baked Alaska

6 Eiweiß	im Kühlschrank sulzig anfrieren lassen.
1 Bisquittboden	fertig gekauft, 26 cm oder selbst gebacken, (s. Zuger Kirschtorte S. 168) vorbereiten.
6 EL Maraschino	mit
6 EL Wasser	vermischen, Boden damit tränken.
1 l Sahne	steif schlagen,
750 g Himbeeren	oder
Erdbeeren	frisch oder tiefgefroren püriert untermischen. In einer Form, in der selben Größe des Bisquittbodens, steinhart frieren. Auf den vorbereiteten Boden setzen. Das vorgekühlte Eiweiß mit
180 g Zucker	steif schlagen, das Eis damit einhüllen, mit einer Gabel Spitzen hochziehen. Im vorgeheizten Backrohr goldgelb überbacken, bei 280°, Gas Stufe 7 (oben einschieben).
5 EL Orangenalkohol	in einem Pfännchen erhitzen, darübergießen, anzünden und brennend servieren.

4-6 Personen

Birnen-Kompott

4 Pers.

6 reife Birnen	feine Sorte wählen,sehr dünn schälen, halbieren,mit Kaffeelöffel Kernhaus rund ausstechen,sofort jede geschälte Birne durch
Zitronensaft	mit
wenig Wasser	vermischt,ziehen,damit sie schön weiß bleiben.
3/8 l Wasser	mit der unbehandelten Schale
1/2 Zitrone	und
1/2 Zimtstange	sowie
1-2 El Zucker	oder
Honig	kräftig aufkochen,die vorbereiteten Birnen einlegen.Bei mäßiger Hitze glasig dünsten (nicht zu weich verkochen).
	4 Servier-Schalen mit je 3 Hälften füllen.
50 g Mandelstifte	in
1 EL Butter	und
1 EL Rohrzucker	hellgelb rösten,über die Birnen streuen.

Birne Royal

4 Pers.

8 Kompottbirnen-hälften	abtropfen lassen,
80 g Rohmarzipan	mit
2 EL Puderzucker	und
1 EL Williams - Birnengeist	vermischen.In 4 Birnenhälften je 1 rundgeformte Kugel in die Mitte setzen. Zweite Birnenhälfte darüberklappen.Mit
Schokosoße	Seite 161 begießen.Mit
Pistazien	feingehackt,bestreuen.

Pfirsich Melba 6 Personen

Rohes Himbeerpüree	Seite 68 oder halbe Masse
Himbeersoße	Seite 68 herstellen.
6 große Pfirsichhälften	abgezogen,in Wein gedämpft oder Kompottpfirsiche aus der Dose,gut abtropfen lassen.Pro Schale
3 kl. Kugeln Vanilleeis	einfüllen,etwas glattstreichen, Pfirsichhälfte darauflegen,in den Kühlschrank stellen.
1/10 l süße Sahne	steif schlagen,
1 EL Vanillezucker	unterziehen.Becher fertigstellen. Auf jede Pfirsichhälfte von dem Himbeerpüree geben.Von der Sahne mit Sterntülle ein Kränzchen spritzen. Mit quergeschnittenen
Pistazien	bestreut,sieht das klassische Dessert nicht nur sehr attraktiv aus,sondern es schmeckt auch gut.

Lychees (Litchi chinensis)

Die weiße,exotische Frucht,in der dunklen weichstacheligen Schale,ist frisch nur selten ausgereift erhältlich.
Für Obstsalate und Dessertgarnierungen deshalb am besten Dosenware verwenden.

Kokos-Creme

1 frische Kokosnuß	anbohren,Milch in einen Meßbecher geben. Dann die Schalen entfernen,die Nuß raspeln oder stückchenweise im Mixer kleinhacken und in einem Tuch ausdrücken. Saft in den Meßbecher mit
Frischmilch	auffüllen zu 1/2 Liter.
12 Blatt Gelatine	5 Min. in kaltem Wasser einweichen. Ausgedrückt an die Kokosmilch geben.
9 Eiweiß	mit
1 EL Zucker	und
1 Prise Salz	steif schlagen,unter beständigem Weiterschlagen weitere
9 EL Zucker	einrieseln lassen.Unter die zu stocken beginnende Masse heben.In eine mit
Mandelöl	ausgepinselte Form geben,2 Stunden sehr kalt stellen,stürzen und mit
Kokosstreußel	bestreuen.

Lemmon wips

1/2 l süße Sahne	
100 g Zucker	
4 EL Grand Marnier	und den Saft von
1 Zitrone	zusammen fest verschlagen bis die Masse steif ist.Die Schale von
1 Naturzitrone	fein gerieben,hinzufügen.3-4 Stunden in den Kühlschrank stellen. Kann in Gläsern oder in einer Schale serviert werden.

Zitronen Eis

3/4 l Wasser	mit
280 g Zucker	und die unbehandelte Schale von
1 Zitrone	fein gerieben (ohne an die weiße Innenhaut zu kommen),zufügen.Brausend aufkochen,abkühlen lassen,Saft von
4 Zitronen	zugeben,alles durchsieben.Im Eisbereiter fertigstellen oder in einem geschlossenen Behälter in das Tiefkühlfach stellen. Nach einiger Zeit,Eiskristalle vom Rand lösen und einrühren.
1 Eiweiß	nur leicht schlagen,unterziehen und fertig gefrieren. Besonders fein mit Saft von 3 Zitronen und von 1 Mandarine.

Citro-Nar 4 Personen

	Pro Person
3 Kugeln Zitronen-Eis	(insgesamt für 4 Personen 12 Kugeln), in einen Eisbecher füllen,
*2 Granatäpfel	halbieren,ausperlen.Die hübschen rosa Perlen auf das Zitroneneis streuen. Nach Belieben mit Sahne und Pistazien garnieren.

Zitronen-Sorbet

für 3 Pers.

	Sekt und 3 Sektgläser vorkühlen.
Je 1-2 Kugeln Zitroneneis	selbstgemacht Seite 179 oder gekauft, wenn möglich mit Eisportionierer einfüllen und mit eisgekühltem Sekt aufgießen.
1 Piccolo	reicht für 3 Gläser.
	Sehr erfrischend ! Foto nebenan.

Wodka-Sorbet

für 3 Pers.

	Eine Glasschüssel vorkühlen.
6 Kugeln Zitroneneis	selbstgemacht Seite 179, hineingeben, mit dem Schneebesen
2 EL Pfefferminzlikör	eiskalt, unterrühren, ebenso eiskalt
5 EL Wodka	darunterschlagen. In hohe Sektkelche füllen.
1 Piccolo Sekt	gut vorgekühlt, auf die Gläser verteilen. Mit
Pfefferminzblättchen	garnieren.

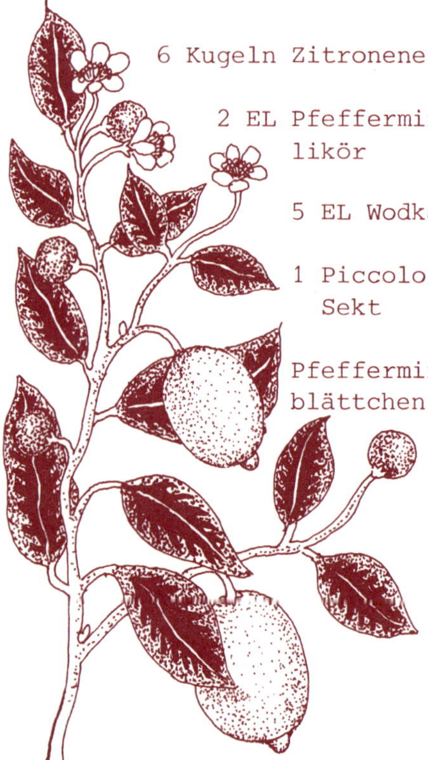

Foto nebenan, linkes Glas.

Foto:

Wodka Sorbet links

Zitronen-Sorbet rechts

Grundrezept **Baisers**

Die besonderen
Baisers des Herrn Konditormeisters Gall

Schaummasse: für 10 Baiserschalen.

100 g Eiweiß sehr kalt mit
50 g Zucker steif schlagen,weitere
200 g Zucker kurz unterschlagen.Backröhre auf 150° vorheizen.

Dressieren: mit einem Spritzsack mit mittlerer Sterntülle auf Butterbrotpapier erst den Boden, dann außen Spitzen dressieren.Das Papier mit den Baisers vorsichtig auf das heiße Blech ziehen und dieses in das vorgeheizte Backrohr schieben.

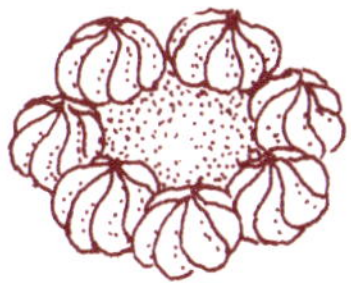

Backen: bei 150° werden die Baisers etwa 1 Stunde gebacken und im ausgeschalteten Rohr nach Möglichkeit noch längere Zeit nachgetrocknet.
Ein leichter hellbrauner Schimmer zeigt den feinen Karamelgeschmack an,der diese Baisers so besonders köstlich macht.Die Schalen werden nach dem Erkalten nach Belieben mit Sahne,Eis und dergleichen gefüllt.

Wichtig: Backen Sie Baisers nicht bei hoher Luftfeuchtigkeit,z.B. bei Regenwetter oder wenn in der Küche gerade viel Wasserdampf ist.
Diese Masse ist für ein normalgroßes Blech. Es rentiert sich dieses Quantum zu backen, da man einen eventuellen Rest aufbewahren kann. * Baisers nicht einfrieren ! *
Luftdicht in Blechdosen oder Gefrierbeutel aufbewahrt,sind sie wochenlang haltbar.

Grundrezept Brandteig

1/4 l Wasser
1 Msp. Salz
80 g Butter
150 g Mehl

zusammen aufkochen,
auf einmal einschütten, rühren bis sich der Teig in einem Kloß vom Topf löst.

1 ganzes Ei — an die heiße Masse rühren.

3-4 ganze Eier — Nach dem Abkühlen noch weitere untermengen. Der Teig darf nicht zu weich sein. Gleich verwenden.

Grundrezept **Strudelteig**

Die Zutaten sollten zimmerwarm verarbeitet werden.

250 g Mehl	auf ein Brett sieben,
1 Msp. Salz	zugeben.Eine Grube eindrücken.Dahinein
1 ganzes Ei	schlagen,
2-3 EL Öl	oder
30 g Butter	zerlassen,etwas abgekühlt zufügen.
Knapp 1/8 l Wasser	nach und nach einrühren.Erst mit einem Löffel alles mit dem Mehl vermischen, dann mit den Händen rasch verkneten. Mit den Handballen die Mitte des Teigs eindrücken,Teig nach vorne schlagen, Vorgang wiederholen bis der Teig weich und geschmeidig ist.In 2-3 Teile trennen. Wie Brötchen formen.Mit
Öl oder Butter	bepinseln,unter warmer Schüssel mindestens 1/2 Stunde ruhen lassen.Teig auf einem bemehlten Tuch erst zu einer tellergroßen Platte ausrollen,dann über den Handrücken ausziehen.Auf das Tuch legen,die dicken Ränder dünn ausziehen oder abschneiden. Den Teig mit
Öl oder Butter	bepinseln und dann die beliebige Fülle daraufgeben.Ränder 2 cm ringsum einschlagen.Mit Hilfe des Tuches aufrollen.

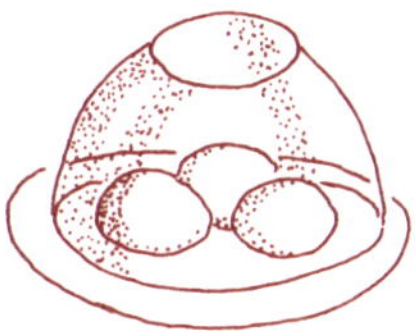

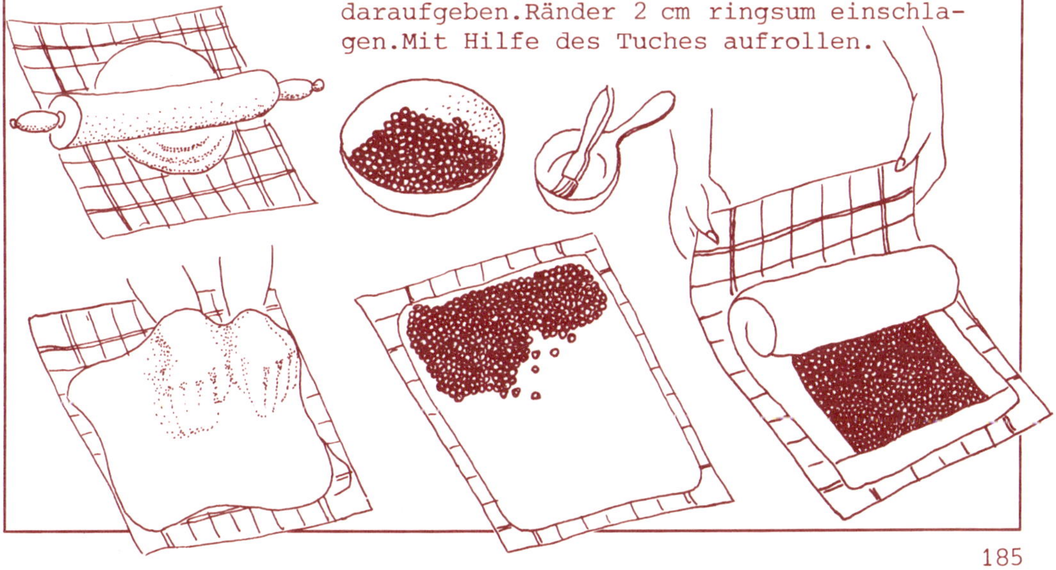

Grundrezept Mürbteig

180 g Mehl	sieben,
1 Msp. Salz	dazu,
125 g Butter	in Flöckchen auf das Mehl geben,
100 g Zucker	und
1 EL Vanillezucker	daraufstreuen.Mulde eindrücken
1 ganzes Ei	hineingeben,rasch zu glattem Teig verkneten. Zugedeckt 1/2 Stunde kalt ruhen lassen,bei 200°-220° backen.

Ellens feiner Obstboden

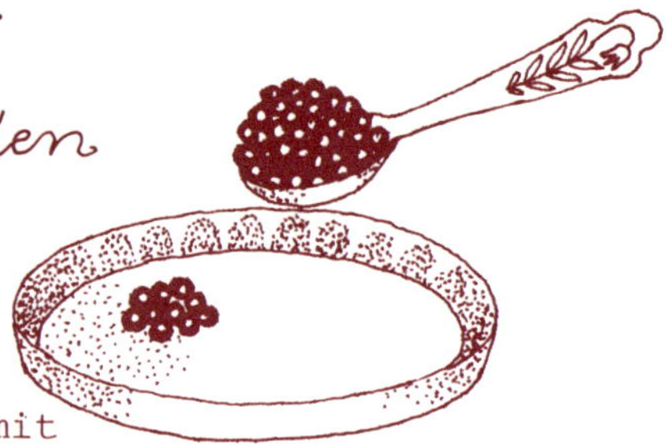

125 g Mehl	sieben,
70 g Nüsse	oder
Mandeln	gerieben,mit
70 g Zucker	und
140 g Butter	rasch abbröseln,mit
2 Eidottern	verkneten und kaltstellen.Dann in eine Springform drücken.Backen wie oben.

Törtchen

150 g Mehl	
1 Prise Salz	auf ein Brett sieben,
70 g Butter	in Flöckchen daraufgeben,
80 g Zucker	darüberstreuen.Mit
4 Eigelb	hartgekocht und durchpassiert schnell zusammenkneten.Kaltstellen und in höhere Tortenförmchen drücken,nochmals kühlgestellt, im vorgeheizten Rohr bei 220° goldgelb backen.In Blechdosen 1-2 Wochen haltbar.

Grundrezept Blätterteig

300 g Mehl	auf glatte Arbeitsfläche sieben. (Kunststoffplatte, Marmor etc.), Mulde eindrücken,
1/2 TL Salz	
1 sehr kleines Ei	hineingeben, wenn nicht vorhanden, 1 großes Ei verschlagen, die Hälfte davon verwenden. Mit
ca. 5 EL Eiswasser	und
1 EL Butter	zu einem glatten Strudelteig verarbeiten. 1/2 Std. kalt ruhen lassen, dann 1 cm dick auswellen.
250 g kalte Butter	in dünnen Scheiben auf die eine Teighälfte legen, die andere Hälfte darüber schlagen, nach der offenen Seite hin auswellen. (Siehe Zeichnung) Vorgang 4 mal wiederholen. Um die Arbeitszeit zu verkürzen, den Teig immer wieder im Tiefkühlfach festwerden lassen. Zum Auswellen soll nur wenig Mehl verwendet werden. Deshalb lieber zwischen Plastikfolie ausrollen ! Bei der Verarbeitung vom Blätterteig sollte die Raumtemperatur kühl sein. Vor dem endgültigem Ausformen den Teig 1/2 Std. kaltstellen. Bei 220°-230° im vorgeheiztem Rohr backen. Teig kann sehr gut auf Vorrat eingefroren werden.

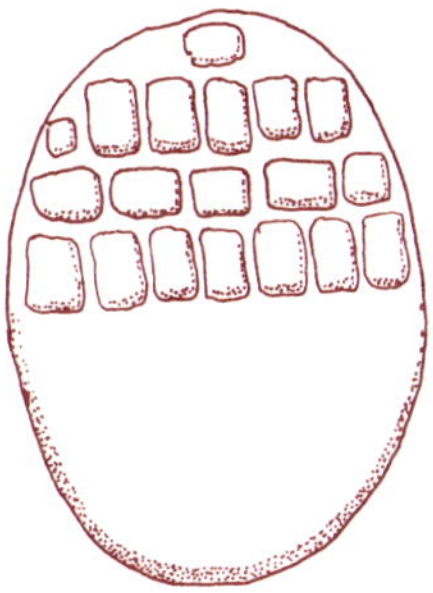

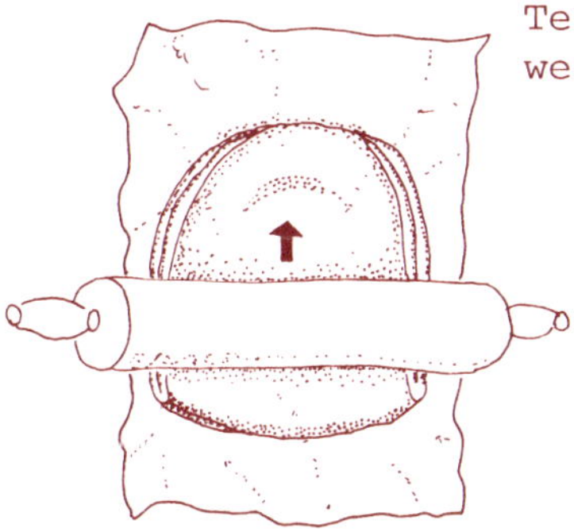

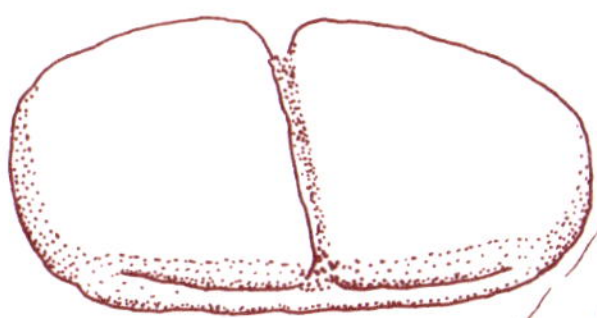

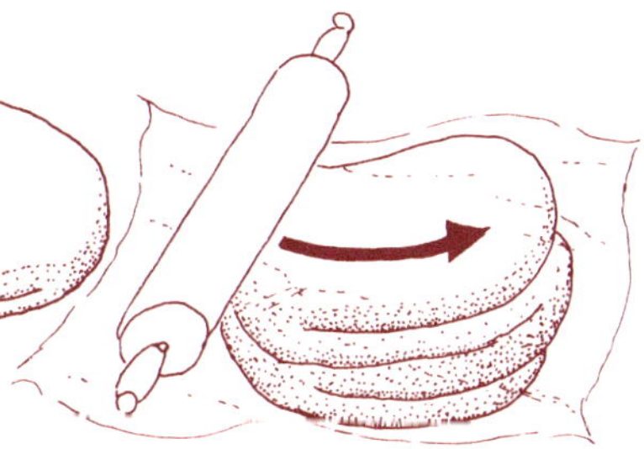

Eigene Rezepte

Eigene Rezepte

Nährwerttabelle

Der eßbare Anteil von 100 g Lebensmittel enthält:	Energie kJ	kcal	Kohlenhydrate g
Ananas	125	30	7
Äpfel	210	50	12
Aprikosen, frisch	205	49	11
Aprikosen, getrocknet	1280	306	70
Bananen	275	66	16
Bienenhonig	1275	305	81
Birnen	230	55	13
Brombeeren	200	48	9
Erdbeeren	150	36	7
Feigen, frisch	205	49	11
Feigen, getrocknet	1125	269	61
Gelatine	1420	340	+
Grapefruits	95	23	7
Hagebutten	275	66	14
Haselnüsse o. Sch.	2890	690	13
Heidelbeeren	250	60	13
Himbeeren	165	40	8
Hühnerei	615	147	1
Hühnereidotter	1580	377	+
Hühnereiklar	230	55	1
Joghurt (aus entr. Milch)	165	40	5
Johannisbeeren, rot	185	44	9
Johannisbeeren, schwarz	235	56	12
Kirschen, süß	240	57	13
Kiwi	165	40	.
Kuhmilch 3,5 % Fett			
(Vollmilch)	275	66	5
(Roh- Vorzugsmilch)	295	70	5

Nährwerttabelle

Mineralstoffe					Vitamine				
Natrium	Kalium	Calcium	Phosphor	Eisen	A	B_1	B_2	Niacin	C
mg	mg	mg	mg	mg	µg	mg	mg	mg	mg
1	95	9	5	0,2	5	0,04	0,02	0,1	11
3	130	7	10	0,4	10	0,03	0,03	0,3	11[1])
2	250	15	20	0,6	250	0,04	0,05	0,7	9
10[2])	1370	80	115	4,5	760	.	.	3,2	11
1	260	6	20	0,4	25	0,03	0,04	0,4	8
7	45	5	20	1,3	+	+	0,05	0,01	2
2	115	16	20	0,03	15	0,05	0,03	0,2	5
3	190	30	30	0,9	45	0,03	0,05	0,4	17
2	140	25	30	0,9	8	0,03	0,05	0,5	62
.	.	50	.	1	80	.	.	.	.
40	840	190	105	3,3	9	0,10	0,10	1,1	.
30	20	10	+	+	+	+	+	+	+
1	130	14	10	0,2	2	0,05	0,02	0,2	32
.	.	.	.	.	.	.	.	.	813
2	635	225	330	3,8	2	0,40	0,20	1,4	3
1	65	10	10	0,7	20	0,02	0,02	0,4	21
.	170	40	45	1,0	7	0,02	0,05	0,3	25
125	130	50	190	1,8	265	0,10	0,25	0,1	+
50	140	140	590	7,2	1490	0,30	0,40	0,1	+
170	155	11	20	0,2	+	0,02	0,30	0,1	0,3
.	160	.	.	.	.	.	.	.	.
1	230	30	25	0,9	6	0,04	0,03	0,2	35
2	300	45	40	1,3	23	0,05	0,04	0,3	170
2	200	14	20	0,4	45	0,03	0,03	0,2	9
.	.	.	.	.	.	.	.	.	.
					32[1])				
50	160	118	90	0,1	12[2])	0,04	0,20	0,1	2,0
50	160	120	90	0,1	15[2])	0,04	0,20	0,1	2,0

Nährwerttabelle

Der eßbare Anteil von 100 g Lebensmittel enthält:	Energie		Kohlenhydrate
	kJ	kcal	g
Maisstärkemehl	1535	367	87
Mandeln o. Sch.	2725	651	16
Mango	263	63	15
Molkerei- Kochbutter	3240	775	+
Ogen-Melone	109	26	6
Orangen	160	39	9
Pfirsiche	175	42	10
Pflaumen,frisch	245	58	14
Pflaumen,getrocknet	1040	249	59
Rhabarber	60	14	3
Rotwein	320	77	o,1[1)]
Sahnequark	695	166	4
Schlagsahne,30 % Fett	1260	302	3
Schokolade (Vollmilch)	2355	563	55
Sonnenblumenöl	3885	928	+
Speisequark,mager	370	88	2
Stachelbeeren	180	43	9
Vollbier,hell	195	47	[2)]
Vollmilch-Joghurt	310	74	5
Vollreis	1550	371	75
Walnüsse o. Sch.	2950	705	14
Weintrauben	290	70	16
Weißwein	290	70	0,1[1)]
Zitronen	75	18	5
Zucker	1650	394	100

Nährwerttabelle

Mineralstoffe					Vitamine				
Natrium	Kalium	Calcium	Phosphor	Eisen	A	B_1	B_2	Niacin	C
mg	mg	mg	mg	mg	µg	mg	mg	mg	mg
.	7	+	30	0,5	+	+	0,01	+	+
.	835	250	4555	4,1	20	0,20	0,60	4,2	1
.	.	10	.	0,5	.	.	.	.	30
5	15	13	20	0,1	340[2])	0,01	0,02	0,03	+
.	.	.	.	.	.	.	.	.	.
2	130	30	15	0,4	11	0,06	0,03	0,2	36
3	200	5	30	1,2	70	0,05	0,05	0,7	10
2	210	13	15	0,4	33	0,07	0,04	0,4	5
7	700	35	60	2,0	95	0,15	0,10	1,5	3
2	210	40	20	0,4	9	0,02	0,02	0,2	8
4	95	7	10	0,9	.	0,05	0,05	0,2	.
30	105	70	200	0,3	110	0,05	0,20	0,1	.
40	80	75	65	.	140[2])	0,03	0,15	0,1	1,0
60	420	215	240	3,1	25	0,10	0,40	0,5	+
.	1	.	.	.	4	.	.	.	.
35	95	70	190	0,5	13	0,05	0,30	0,1	1,0
2	200	30	30	0,6	34	0,02	0,02	0,2	34
5	40	6	30	0,1	.	+	0,05	0,7	.
60	190	150	135	0,2	35[1])	0,05	0,25	0,2	2,0
10	150	25	325	2,6	+	0,40	0,10	5,0	+
4	545	70	430	0,1	4	0,35	0,10	1,0	15
2	255	20	25	0,5	5	0,05	0,03	0,2	4
2	80	10	15	0,6	.	+	+	+	.
2	95	7	10	0,3	2	0,03	0,01	0,1	34
+	2	1	+	0,3	.	.	.	.	.

Literatur

Auszug aus der

"Kleinen Nährwerttabelle" der Deutschen Gesellschaft für Ernährung e.V.,von Prof.Dr. W. Wirths, 28. Auflage 1978.

Diese Tabellen enthalten Angaben aus dem Tabellenwerk

"Die Zusammensetzung der Lebensmittel" von S.W. Souci, W. Fachmann und H. Kraut,Stuttgart.

Abdruck erfolgte mit Genehmigung des Umschau-Verlages, Frankfurt a.M.

Obstberatung;Landeslehranstalt Veitshöchheim b. Würzburg.

Zeichenerklärung

+	= Nährstoff ist nur in Spuren enthalten
.	= es liegen keine genauen Analysen vor
kcal	= Kilogramm-Kalorie
kJ	= Kilojoule
1 µg	= $^{1}/_{1000}$ mg
1 mg	= $^{1}/_{1000}$ g
^{1})	= Wert für Mai bis November
^{2})	= Wert für Dezember bis April